スムーズに着任できる！

教師のための「異動」の技術

俵原正仁

学陽書房

まえがき　スムーズに着任するそのために…

異動というのは誰にとってもドキドキする体験です。

動物は基本的に変化が苦手なのですが、このことは種の保存の観点からもともと脳内にプログラムされている…という話を聞いたことがあります。

また、現状を変えることによって「何かを失うかもしれない」という不安が「何かを得られるかもしれない」という期待を上回るため、変化を避け、現状を維持する動きを求めるという心理作用がある…ということも耳にしました。行動経済学で「現状維持バイアス」というそうです。

しかしながら、**残念なことに教師に異動はつきものです。**

否応なく新しい環境に送り込まれます。私学のような特別な事情がない限り、採用されてから退職まで同じ職場で過ごすということは通常ありません。それは、人事異動を行うことによって、学校に新風を送り込むという狙いがあるからです。いわゆる、

「流水腐らず、戸枢蝼せず」…常に流れている水は腐らず、常に開閉している戸は虫に食われることがない…ということです。学校運営を活性化させるために、あえて環境変化を仕組んでいるのです。

ただ、「人事異動後症候群」という言葉があるように、異動させられる側には大きなストレスがかかることもあります。実際、平成25年に文部科学省が提言した「教職員のメンタルヘルス対策について（最終まとめ）」では、教職員のメンタルヘルス不調の要因として、「人事異動等による心理的な負荷」が挙げられています。

そこで、本書の出番です。

異動が決定したらまず何をすればいいのか
赴任先の学校で春休みにするべきこと
新しい環境での同僚との付き合い方、子どもたちや保護者との出会い方
異動を機にレベルアップする方法
…等々

スムーズに着任できる教師の「異動」の技術が書かれています。何を意識して、どう動けばいいのかを前もって知っておくことで、人事異動による心理的な負荷は少なくなります。もちろん、ルンルン気分で異動する人にも役立つ内容です。

まえがきを読み終えたら、ぜひ、このまま最後まで読み進めてください。「何かを得られるかもしれない」という期待が「何かを失うかもしれない」という不安をきっと上回ります。**あなたが新しい環境で笑顔あふれる1年間を過ごすことができたら、こんなに嬉しいことはありません。**本書が少しでもみなさんの役に立つことを願っています。

2021年1月

俵原　正仁

第1章 異動決定！ 意識すべきポイントとは…

第2章 新しい学校で最初にやるべきこと
～新しい職場の一員になるために

第3章

校区が違えば、子どもも違う！
～黄金の3日間をより有効にするために

第4章

校区が違えば、保護者も違う！

～保護者にいい印象を持ってもらうために

第5章 異動でレベルアップするために

第6章

「無敵」になれば、いかなるときでもノーストレス！

第1章

異動決定！意識すべきポイントとは…

希望あふれる新天地、不安膨らむ未開の地、あなたはどっち？

でも、大丈夫…と思えば、きっとうまくいく

3月に異動の辞令が下りました。

「何となくそろそろかな」と思っていた人もいたでしょうし、「えっ、まさか、自分が!!」と驚いた人もいたことでしょう。

どちらにしても、4月からは新天地です。

「よし！　新しい学校でもがんばるぞ」

異動先の学校でもやる気満々。頼もしい限りです。

「同じ失敗はしない。新しい学校ではがんばるぞ」

異動を契機に自己変革。いまの気持ちはすごく前向き。いいことです。

「今度の学校は保護者が大変という噂があるし…うまくやっていけるのだろうか」

「新しい学校でも同じ失敗をしてしまうかも…」

もちろん、中には不安な人もいることでしょう。みんながみんなスーパータフでポジティブなソウルを持っているはずはありません。不安が先に出てしまう。この時点で、それはそれでありです。

でも、大丈夫。

きっとうまくいきます。

だって、未来は変えることができるからです。


「ゴールはハッピーエンドに決まっています」

不安感をすべて払拭することは難しくても、とりあえずこのように考えてみてください。とりあえず…でかまいません。まずは頭の片隅でもいいので意識することで、行動はいい方向に変わっていきます。異動先で、何を意識して、どのようなことをすればいいのかは、この本を読めばわかります。前任校でうまくいった人もうまくいかなかった人も、希望に満ちあふれている人も不安で押しつぶされそうな人も、新しい環境でのあなたの居場所を創ることができるはずです。この本はそういう本です。

異動とは、どう考えても
レベルアップしてしまうありがたい機会

経験値を持ったままHPを回復できる

一般企業の場合、職場の異動によって仕事の内容が大きく変わることがあります。開発部から営業部に異動した場合、営業のノウハウをゼロから学び直すことになります。公務員も同様です。市役所の市長部局から税務課の窓口業務に異動した場合、前の職場で学んだことをそのまま使うことはできません。

しかし、教師の場合、事情が少し違ってきます。同じ学校種間の異動の場合、そこまで大きな変化はありません（小学校から中学校への異動の場合でも、一般企業に比べたら、まだましなようです）。子どもとのコミュニケーションの取り方、授業の展開のポイント、保護者対応の仕方など、新しい学校でも、前任校で身につけた多くのスキルを使うことができます。ＲＰＧゲームで例えると経験値が変わらずアイテムなども減ることなく続けてプレイできるという状態です。教師の異動はゼロから学び直す必要がないということです。

しかも、前任校で削り取られていったヒットポイントは、新しい環境に来たことでやる気も復活してフルチャージされた状態になります。**経験値がゼロにならずに、ヒットポイントは復活するのです。**異動後はそこに新たなスキルや経験を積み重ねていくだけ。

そう考えると、教師の異動とは、どう考えてもレベルアップしてしまうありがたい機会だということができるかもしれません。

さらなるレベルアップをめざして

異動するだけでレベルアップしてしまうのなら、ちょっと意識すれば、あなたの教師としての力量はさらにレベルアップするはずです。本書では、異動先における新学期当初に気をつけるべきことと、異動をチャンスととらえさらにレベルアップするために、もう少し長期的な視点で教師は何を意識すべきかについてお伝えしていきます。

ところで、昨年度、異動願いを出しましたか？

特別な理由があるなしにかかわらず

自治体によって実施時期に多少の違いがありますが、毎年、年度末近くになると異動希望の調査があります。昨年度、あなたは異動希望を出しましたか？

たぶん出していない人が多いのではないでしょうか。

同じ職場の人と結婚するだとか、親の介護が必要で通勤時間をできるだけ短くしたいとかのような特別な理由がある場合は、何の迷いもなく出すことができるのですが、このような理由がないときは異動希望を出しにくい雰囲気があるかもしれません。

異動希望を出すことで、管理職や周りの先生に対して、「私はもうこの学校で働きたくない！　こりごりだ！」と思われてしまうのではないかと躊躇してしまう気持ちはわかります（とくにそんな気持ちがなかったとしたらなおさら…）。お世話になった先生方に「なんやあいつ…」と思われるのも嫌ですしね。

でも、そんな心配は無用です。

そもそも異動希望は学校現場では管理職しか目にしません。自分さえ黙っていれば誰にもばれません。特別な理由がなかったとしても、特別でない何かしらの理由はあるはずです。異動したい気持ちがあれば、異動希望を出せばいいのです。

いざとなれば…の気持ちが大切

いま、本書を手に取っている人は、異動が決まった直後の方がほとんどだと思います。新しい学校での新生活に向けて、いい意味でドキドキワクワクしていることでしょう。ただ、人生山あり谷ありです。楽しいこともたくさんあるでしょうが、この先、いろいろなトラブルが降りかかってくることがあるかもしれません。

でも、そんなときでも、**「いざとなったら、異動したるわ」と開き直って対処することで、心に余裕ができてうまくいくものです。**もし、万が一、億が一、それでもうまくいかなかったら、遠慮なく異動希望を出せばいいのです。それでいいのです。

異動が決まったら断捨離に取りかかろう①

モノが増え続ける教室、異動は断捨離のいい機会

学級担任をしていると、職員室以外にも教室という自分のスペースがあります。収納スペースがあればあるだけ、モノは増えていきます。異動の際、私が一番苦労したのがモノの移動でした。私の知り合いに、単身用の引っ越し楽々パックを申し込んだ人がいました。さすがに、そこまでの猛者はあまりいないでしょうが、異動先の学校に同じ量を収納できるスペースがあるとは限りません。たとえ、そのスペースがあったとしても、異動はいい機会です。異動前に断捨離を決行してしまいましょう。

まず教室、次に職員室、この順番で

まずやるべきことは、教室のチェックです。**教室の教師用の机やロッカーの中に返却し忘れたプリントやテスト等がありませんか。**ごく稀に、異動してしまった先生の教室から、返しそびれたプリントやテストなどが出てくることがあります。子どもたちも引き継いだ先生も大迷惑です。このような事態にならないように、再度、机やロッカーを確認してください。万が一、未返却のモノがあった場合は、お詫びの言葉を添えて子どもたちに即返却します（内示が春休みになって、教室チェックが春休みになってしまった場合、新年度に返してもらうように他の先生方にお願いしないといけません）。とりあえず、この段階では未返却のモノがないかの確認さえすれば、よいのです。教室の整理整頓や断捨離は最後の最後でかまいません。

次にすることは、職員室の自分の机まわりの断捨離です。職員会議のファイルなどは、捨てて大丈夫です。校務分掌のファイルは引継ぎ用に置いておきます。「もしかしたら、今後、参考資料として使うかもしれない」と思い、赴任先の学校に持っていきたくなりますが、私の経験上、まず使いません。個人情報的な内容が含まれたものもあるでしょうし、全てシュレッター行きにする方が賢明です。万が一、必要になった場合は、前任校の先生に、その資料を送ってもらえばいいのです。

異動が決まったら断捨離に取りかかろう②

職員室が終わったら、再び教室に…

先述したように会議関係の資料を持っていくことはありませんので、異動先に持っていくモノは、そんなに多くはありません。

私の場合、紙ベースで持っていくモノといえば「子どもや保護者からもらった手紙や寄せ書き」と「自分が行った研究授業の指導案や事後検討会の記録」くらいです。いわゆる楽しかった思い出やがんばった証を新しい職場に持っていくということです。だから、クレームの手紙などはシュレッダーにかけてお別れです（ただし、生徒指導上引き継ぐ必要があるものは置いておきます）。後は、机の引き出しに入っている私物の文房具などを箱に詰めれば、職員室の断捨離は完了ということになります。

職員室の断捨離が終わったら、教室の断捨離にとりかかります。要領は、職員室と同じです。このとき、気をつけてほしいことは、自作の学級会グッズや私物のCDプレーヤー、タイマー等を「**もしかしたら、次の人が使うかもしれない」という思い込みで放置したまま異動してしまわないということです。**たとえ「使わなかったら捨ててもいいからね」と一言言ったとしても、ダメです。自分の私物を置いたまま異動してしまうような人はいないと思うでしょう。でも、意識してか無意識かはわかりませんが、たまにいるんですよ。実は若いころの私もその1人でした。たいへん困ったと、後日人づてに聞きました。お恥ずかしい限りです。

職員室と教室の断捨離がすみ、持っていくモノの箱詰めも完了したら、最後にすることはお掃除です。次に使う人にピカピカの状態で渡せるように、机やロッカーなど雑巾がけを行ってください。ここで悪い印象を持たれてしまっては、いままで積み上げてきたものが一瞬で崩れてしまいます。

立つ鳥跡を濁さず。

ちょっとした気づかいで、あなたの印象はアップします。最後の最後に掃除に取り組むことは結構きついかもしれませんが、あとひと踏んばり、がんばってください！

異動までの引継ぎ、最優先事項はこれ

子どもの引継ぎポイント＆資料作成の押さえどころ

新任校で始業式が終わり、子どもたちを帰して職員室でほっと一息ついていると、1本の電話がかかってきました。受話器の向こうから感情的な声が聞こえてきます。

「どうして、○○さんと同じクラスなんですか？」

「えっ、……？」

「○○さんとは同じクラスにしないでと□□先生にお願いしていたんですが…」

□□先生とは、この4月に他の学校に異動した先生のことです。

「きちんと引継ぎをしていないんですか？」

実際、そのような話を聞いていないので答えようがありません。

「校長先生と代わってもらえませんか？」

希望にあふれた黄金の３日間が、いきなり気の滅入るスタートになってしまいました。前年度このような話が前担任と管理職との間で行われていたのだとしたら、保護者が感情的になってしまうのもわかります。でも、一度発表したクラスを変えることは普通できません。新学期早々、学校は困難なトラブルを抱えることになります。

こうなってしまった原因は、明らかです。「ほんま、□□先生、ええ加減にしてよ」と言われることにならないように、どんなに忙しくても、しっかりと子どもの情報は引き継いでおいてください。同じクラスにしないという約束（または匂わせるような話）をしていなくても、子ども同士のトラブル、保護者同士のトラブルがあった場合は、きちんと伝えておかないと、次年度の担任に非常に迷惑をかけてしまいます。あなたが担任した際に引き継いだ前年度以前の過去のトラブルも忘れずに伝えてください。このような情報は、学力状況や基本的な生活習慣の情報などよりも優先順位が高くなります。**これまでにあったトラブルの情報をあらかじめ持っていることで、同じようなトラブルを未然に防ぐことができるからです。**片付けや断捨離ができていなくてもこれだけは忘れずにしておかなければいけません。最、最、最優先事項です。

校務分掌の引継ぎはファイルの確認と整理を行う

校務分掌の引継ぎのポイント

「自分にしてもらいたいことは、他の人にもそのようにしなさい」

という言葉があります。校務分掌の引継ぎについても同じことが言えます。

まずやるべきことは、ファイルの整理です。

その年の職員会議で提出した文書が、紙ベースで全てファイリングされているか確認してください。データはパソコンの共有ファイルの中に全部入っているのでそれで十分…と1冊のファイルにまとめていないことがあるかもしれません。でも、引継ぎを受ける側としては紙ベースのファイルの方が1年間の流れを見るためには効率的です。サッと目を通すだけなら、紙ベースの方が時間はかかりません。新たに文書を作成するときは、パソコン上のデータを活用する方が効率的になりますので、共有ファイルのどこにデータがあるのかも示していると、親切度は高くなります。データ上はあるけれど紙ベースでは抜けている文書が見つかったら、ファイルの中に保存されている文書をプリントアウトして、時系列の順番でファイリングし直してください。

次に行うことは、４月の最初の職員会議で提案する文書作りです。４月の年度当初は誰にとっても忙しい時期です。４月になって新体制にならないとわからない部分もあるかもしれませんが、できる範囲で作成してください。次の担当から喜ばれること間違いありません。

ここまでが、最低限やっておくことです。

時間の余裕があれば、49ページに書いている「年間の流れの一覧表」を作ってみてください。前任者がこれをすでに作ってくれていれば、新しく担当になった人がその仕事をしなくても済みます。めちゃくちゃ助かるはずです。

最後に、きちんと整理された校務分掌のファイルの置き場所を、管理職か異動をしない先生に言づければ、完了です。これで、新年度、新しく担当になった人があわてることはなくなります。お疲れさまでした。

離任式のあいさつは短ければ短いほどいい

離任式のあいさつのポイント

「他にも先生がたくさんいますので、短めにお話しします」

離任式で、このような前置きから始まるあいさつが実際に短かったことは、ほとんどありません。離任式に限らず、スピーチは短ければ短いほどいいと言われています。

いまから20年ほど前の私の離任式のあいさつを紹介します。私の勤務している市では離任式は、年度が替わった4月に行われます。昨年度末に担任していた子どもたちとは久しぶりの再会です。

「久しぶりぶり…」

この私の言葉に子どもたちは全力で続いてくれました。

「ブロッコリ‼」

「とってもいい声です。これからも元気に楽しくがんばってください。また、会いましょう。さようなら」

これで全てです。ほんの10秒ほどのスピーチです。担任をしていた子どもたちはニコニコの笑顔、他の子どもたちや先生方にとってもインパクトは大きかったようです。

離任式の後、ある先生から「子どもたちと打ち合わせをしていたのですか？」と聞かれました。もちろん、そのようなことはしていません。前年度、繰り返し行っていた自作暗唱集の中の「吉本新喜劇の言葉」の一節だったので、子どもたちは打ち合わせをする必要もなく大きな声で元気よく反応してくれたというのが真相です。

離任式でのあいさつは感動したことや感謝の気持ちを素直に伝えればいいのですが、くれぐれも話が長くならないように気をつけてください。小学校の場合、担任だった子どもたち以外は、あなたの話を我慢して聞いていると思ってください。

離任式のあいさつがあなたの最後のイメージとなります。最後の最後に前任校に悪いイメージを残すことにならないように、離任式ではすっきりと短くスピーチをしましょう。

本当に最後の最後？送別会で意識すべきこと

送別会のあいさつのポイント

職場の先生方との送別会のあいさつのポイントは二つ。「いままでありがとうございました」と「これからも、お互いがんばっていきましょう」です。この二つがきちんと伝われば、送別会のあいさつとして問題ありません。

聞いてくれる相手は大人です。多少話が長くなっても飽きたそぶりを見せることなく聞いてくれるはずですので、具体的なエピソードなどを交えて、いままでお世話になった先生方に、感謝の気持ちをしっかり伝えてください。

唯一気をつけることは、ネガティブな言葉を使わないということです。「いろいろと迷惑をかけてごめんなさい」や「あのとき、保護者に言われた言葉は本当に悔しかったです」など、感情的になって周りの空気を凍り付かせるようなことにはならないようにしてください。あくまでも「これからも、お互いがんばっていきましょう」というポジティブメッセージで終われるように構成を組み立てることができればベストです。

送別会における最終ミッション

新しい学校において「前任校では…」という枕詞は禁句中の禁句ですが、このことは、「異動したら前任校とつながってはいけません」という意味ではありません。これからも前任校の先生方とのつながりは大切にしてください。縁あってともに過ごした時間までリセットする必要はないのです。学校が離れても、時々連絡を取り合えるように、また会う約束を取り付けてください。これは、スマートなあいさつをすることよりも大切な送別会でのミッションです。このミッションをクリアすることができれば、赴任先の先生方といい関係をつくっていくことと同時に、前任校でお世話になった先輩や気の合う仲間たちとの絆はこれからも続いていくということになります。「異動をすることで新たな出会いがあり、異動をすることでこれまでの絆が深まる」、これって、素敵なことだと思いませんか？

第2章

新しい学校で最初にやるべきこと

新しい職場の一員になるために

管理職との初めての顔合わせ
校長先生もドキドキです！

緊張しているのはあなただけではありません

異動先の管理職との初めての顔合わせ。

誰しもドキドキがムネムネ…いや、胸がドキドキするものです。

30年前の若かりし頃の私もそうでした。転勤により環境がまったく変わり、ただでさえ極度の緊張感の中、管理職という偉そうな肩書を持っている人と対面するのです。緊張しないはずありません。でも、ご安心ください。緊張しているのは、あなただけではありません。これは、私が校長になって実感したことなのですが、校長先生も意外と緊張しているものです。初めてお会いする先生の場合はなおさらです。

実は校長先生も緊張している…そう考えると少し気が楽になりませんか？

「笑顔と気持ちのいい挨拶」で…

ぶっちゃけ、前任校での評判は校長先生の耳には入っているものです。この本を手に取っている人の中には「それはまずい！」と感じる方がいるかもしれません。ただ、そのような情報はとりあえず頭の片隅に置いておく程度の認識です。転校してきた子が多少やんちゃなことしていたということを引き継いだとしても、やる気満々で登校してきた子に対しては、担任として新しい学校でのがんばりに期待をもって迎えますよね。それと同じです。校長の立場で言わせてもらえれば、異動してきた先生方に対しては、何よりも期待感が一番大きいのです。

だから、とにかく、新天地でのやる気をまず校長先生に見せてください。

まず意識することは、「笑顔と気持ちのいい挨拶」です。あえて、第一印象を悪くする必要はありません。新日本プロレスのジャージでの訪問は、リスクが高い（プロレス好きな校長の場合はむしろオッケーです）のでやめておきましょう。また、個人的なことなど、**今後、管理職に配慮してほしいことがある場合は、このときに話しておいた方がいいと思います。**出会いのいい印象のときにお願いをしてしまうのです。

同僚との最初の出会いの日 大切なのは笑顔と気持ちいいあいさつ

管理職との初顔合わせよりも、気合を入れて

同僚の先生との初顔合わせ。顔見知りの先生がいれば、少しは気が楽なのですが、初めての異動の場合、その可能性はかなり低いはずです。異世界に転生された勇者にでもなったつもりで臨むぐらいでちょうどいいと思います。

あなたが前任校で、よっぽど凄い働きをしたか、もしくは派手にやらかした働きをしていなければ、先生方にあなたの情報が耳に入っていることはないはずです。ニュートラルな状態で迎えてくれると思います。

だからこそ、第一印象が大切になってくるのです。

ここでも、管理職との出会いと同様、まず何よりも「笑顔と気持ちのいいあいさつ」

を心がけてください。あなたのやる気を伝えるのです。**実は、管理職以上に、同僚の先生はあなたのことをシビアに見ています。**管理職の場合、新しく赴任してきた先生に対しては何よりも期待感が一番大きいのですが、同僚の先生の場合は、期待感と同じくらい不安感を持っていることもあります。

「1年間、この先生と学年を組んでうまくやっていけるだろうか」

最初の出会いで、このような不安感を持たれないように、管理職との顔合わせのとき以上に、気合を入れて臨んでください。

不安感を期待感に変えることは可能です

「前任校の情報が耳に入っていることはない」と前述しましたが、ときには、知り合いの先生を通じて、積極的にあなたの前任校の情報を収集しようとする先生がいることもあります。これから1年間ともに仕事をする同僚の前任校での様子が、気になるのはごく自然な流れです。もしかしたら、その情報を聞いて不安になる場合があるかもしれません。でも大丈夫。その不安感は、最初の出会いで和らげることが可能です。「笑顔と気持ちのいい挨拶」で不安感を期待感に変えてしまいましょう。

職員室で我が物顔にふるまわない

初めての異動先での失敗

私の初めての異動は、教職3年目、兵庫県の西の端の学校から東の端の学校という直線距離でおよそ１００㎞という遠距離の異動でした。普通に考えれば、知り合いの先生がいるはずありません。ところが、いざ赴任先に行ってみると、前年度、神戸で開催された法則化合宿で出会った先生がいるではありませんか。テンションが上がった私は、異動してきた先生は校長室で待機していなければいけないのにもかかわらず、職員室で知り合いの先生とお話をしていました。

これがいけませんでした。

この行為を、一部の先生は「初めて学校に来た若い教師が、職員室で我が物顔にふるまっている」と感じられたようです。ニュートラルな状態ではなく、マイナス状態からのスタートになってしまったのです。

やる気を見せることも大切ですが、謙虚さも必要

いまから考えると、この私の行為はかなり軽率です。いくらテンションが上がったとはいえ、勝手に職員室に行ってはいけません。たぶん、「せっかく知り合いの先生がいるんだから、いろいろと話を聞きたいし、何よりも新しい学校の一員に早くなりたい」という気持ちがあったんだろうなと想像はできますが、それにしても言われたことは守らなければいけません。当時の私はやる気を見せたつもりだったのでしょうが、結果的に「謙虚さがない変な奴がやって来た」と自分からアピールしたことになってしまいました。

よほどの天才でもない限り、自分ひとりでできることには限界があります。周りの先生にお世話になることが必ず出てくるはずです。やる気を見せることはいいことなのですが、**「これからお世話になります。よろしくお願いします」という謙虚さも意識してください。**やはり、第一印象は大切です。

自己紹介は、オーソドックスに控えめに（職員室編）

ウケを狙った自己紹介はＮＧです

職員室での初めての自己紹介の場面。

最初に校長先生が新しく学校に赴任してきた先生を紹介した後、経験年数順に１人ずつ自己紹介が始まりました。自分の順番は、まだ少し先です。１人目、２人目とオーソドックスな自己紹介が続きます。

「よし、このへんで一発、笑いをとってやろう」

関西人の悪い虫が騒ぎ出します。同僚の先生だけでなく、事務の先生、給食室の栄養士さん、調理師さん、全職員があなたに注目しています。

「俵原といいます。好きな四字熟語は『焼肉定食』です。よろしくお願いします」

たいてい狙いどおりにいかず、見事にすべります。そして、微妙な空気が職員室に流れていきます。ただ、すべったからＮＧです…ということではありません。例え、笑いがとれていたとしても、やはりＮＧなのです。

以前、私が担任時代のころ、新しく赴任してきた校長先生が、最初の自己紹介で、阪神タイガースネタで笑いをとったことがありました。阪神ファンの私には何の違和感もなかったのですが、野球に興味がないまじめな先生からは、「こんな場で、個人的な趣味を押し付ける」と顰蹙《ひんしゅく》を買っていたことを後になって知りました（もしかしたら、そう思わせるだけの理由が自己紹介以外にもあったのかもしれませんが、自己紹介の内容が一因であったことは間違いありません）。

周りの先生があなたの人となりを知らないのと同様、あなたも周りの先生の人となりを知らないという初対面の状況下では、あえてリスクを冒す必要はありません。変にウケをねらったり、個人的な趣味をカミングアウトしたりすることなく、オーソドックスに自己紹介するのが一番です。あなた自身のおもしろさは、少しずつ披露していけばいいのです。

できるだけモノを持ち込まない

異動をきっかけに断捨離しよう

かって、向山洋一先生が「勉強する教師の教室には、教師向けの専門書が本棚に並んでいる。教室前面の本棚だ。何種類かの教育雑誌、授業論、教科論などの本が入っている。私がこれまで訪れた数百の教室の風景だ」という話をされていました。向山先生の影響を強く受けていた20代当時の私の教室の本棚の本は、年々増加していき、異動の際には、とても1人の力では移動できそうにない状態になってしまいました。

まぁ、このような極端な例はまれでしょうが、同じ学校に長く勤務していると私物がどんどん増えていくものです。学校というのは意外と収納場所がたくさんあり、油断するとどんどん私物が教室にたまっていきます。ただ、いくら教育に関係するものとはいえ、私物は私物です。教室に持ち込むのは必要最小限（たとえば、ドラえもんの着ぐるみやプロレスのマスクなど）にした方がいいことは確かです。異動はいいきっかけです。**断捨離に挑戦して、すっきりした教室空間をプロデュースしてみましょう。**

職員室の机の上をスッキリさせる

職員室の机も同様です。前任校では、「どこで仕事すんねん」というような雑然としていた机も、余計なものは何一つおいていないスッキリとした机にしたいものです。ただ、整理整頓が大切なことだというのは、子どものころから知っているはずです。知っていることとできることはイコールではありません。だから、整理整頓ができない人（できる人は、この後しばらく読む必要はありません）は、完璧を目指さずに私が行っている程度の努力をしてください。

「必要な書類と必要でない書類を分けて、必要でない書類は、机の下に置いてある段ボール箱にぶち込み、いっぱいになったら捨てる」

これで必要でない書類が机の上に散在することがなくなります。とりあえず、以前よりは、机の上がスッキリするはずです。

机の上をスッキリさせる

職員室の机の上はきれいにする

とりあえず、必要か必要でないか分類して、必要でない書類については机の下の段ボールに移動していただきました。と、ここまでお付き合いくださったあなたは次のような疑問を持つかもしれません。

「必要でない書類が片付いても、必要な書類が机の上に散らばったままだったら、机の上はスッキリしないいんじゃないか?」

おっしゃるとおりです。机の上のスペースは有限ですので、このまま次の手を打たなければ、すぐに机の上は必要な書類であふれ出し、カオスな状態に戻ってしまいます。さすがに、そうなると困るので、整理整頓が苦手な私もそれらの書類をファイリングすることになります。ただし、きっちりと分類してファイリングすることはありません…というか、そうしようとすると時間がかかってしまうので、つい後回しにしてしまい、結局散らかった状態が続いてしまうのです。だから、**職員会議の提案文書もPTA関係の手紙も研究授業の指導案や事後検討会の記録も一括していっしょのファイルに入れてしまいます。**これなら整理整頓が苦手な私でもストレスなくファイリングすることができます。このファイリングは、できるだけ時系列順に入れていくように気をつけています。「4月の書類は4月のファイルに。5月の書類は5月のファイルに」というように月ごとにファイリングすることで、後で見直す必要ができた場合、比較的簡単に見つけることができるようになります。

ファイリングはデジタルで行うもよし

以上が、アナログ世代の私のやり方ですが、現在、若手教員はタブレットを活用して同様のことを行っています。「必要な書類をスキャンして、必要でない書類と共にすべてシュレッダーにかける」…なんて清々しい！　結局言いたいことは、「アナログでもデジタルでもお好みの方法で机の上をスッキリさせてください」ということです。

校務分掌引継ぎの押さえどころ

時間がない中、押さえておきたい質問&お願い

春休みの間に、校務分掌の引継ぎがあります。

分類することが苦手で何でもかんでも一つのファイルにまとめてしまう私でも、校務分掌については、ちょっとがんばって別のファイルをつくっていました。その担当から外れて、次の人に引継ぎをする際にそのまま渡すことができるからです。

実際、多くの引継ぎの場面で、昨年度のファイルが活用されているはずです。中には「これが、去年のファイル。これを見れば、昨年度に行ったことがだいたいわかるからね」と、昨年度のファイルを渡されて、これで引継ぎ終了ということがあるかもしれません。それだけでも引継ぎが大丈夫なら、それに越したことはありませんが、

初めて異動した先で、それだけだと少し不安になるものです。学校が違うと、校務分掌のやり方や押さえどころが違うことも多いからです。ほとんど引継ぎの時間がないような場合でも、取り急ぎしておかなければいけないことは聞いてください。

「４月当初にしておかなければいけないことはありますか？」

「４月の職員会議に提案する文書は作っているから、その内容で提案してね」

たいていの場合、４月の職員会議に提案しなければいけないことは、前任者がある程度行ってくれているものです。そこさえクリアできていれば、学校全体に迷惑をかけることはありません。後は、じっくり昨年度のファイルを読み込めばいいのです。

最後に、一つお願いをして、引継ぎは終了です。

「ありがとうございます。ファイルをしっかり読みこんでおきます。それで、わからなくなったら、また聞きに来ていいですか？」

わざわざこのようなお願いをしなくても、親切に教えてくれるとは思うのですが、**この一言を伝えておくことで、質問をする側の気持ちが軽くなるのです。**ここで「また聞きに来ていい」という相手の気持ちを知ることで、この後、わからないことや相談したいことが出てきた場合、遠慮なく質問に行くことができるようになります。

校務分掌の仕事を的確に行うために①

昨年度のファイルを見るときのポイント

4月の職員会議で提案する文書は、既に前年度の担当者が作ってくれているということで、取り急ぎしなければいけない校務分掌の仕事はありません…というようなシチュエーションだったとしても、引き継いだ直後で校務分掌に対するモチベーションが高い春休みの間に、一度昨年度のファイルに目を通しておくことをお勧めします。この時期に、1年の流れを把握しておくと、後々焦ることなく、担当の校務分掌を進めることができるからです。

ただ、この段階では、1年の流れを把握さえできていればいいので、いつ、どのような提案が職員会議でされているかをつかむ程度でかまいません。ただ、**時間に余裕**

があれば、１枚、紙を用意して、「いつ」「何を」提案されていたのか書き込んでください。たとえば、次のような感じです。

自分のためだけの覚書ですので、ていねいに書く必要はありません（もちろん、きれいに書き直してもかまいません）。これをあなたが作った本年度用の校務分掌ファイルの裏表紙に貼っておきます。

職員会議提案
・　4/4　年間清掃計画案
・　6/27　学期末大そうじ
・12/12　学期末大そうじ
・　2/20　学期末大そうじ 卒業式前清掃について
清掃道具点検
・春休み中に
・年度末に（あと随時）
美化・環境委員会関係
・昨年度の活動チェック→子どもたちの意見を聞いて提案 常時活動は何か？ 創意工夫できることは何か？

また、昨年度末の学校評価にも必ず目を通しておいてください。校務分掌の多くは、昨年度どおりの提案でいけるのですが、昨年度の学校評価でここは改善した方がいいという意見が出ていることもあります。実際に、提案するときになって、あたふたしないように、あらかじめ昨年度の反省を知っておくと、職員会議での提案時にあわてることはなくなります。

校務分掌の仕事を的確に行うために②

自分なりの締切日を作ってしまう

1年間の流れと「いつ」「何を」提案したらいいかを把握すれば、とりあえず春休みに行うことは終了です。ファイルは机の引き出しにしまってください。ただ、これでファイルを日常的に目にすることはなくなります。しっかり者の先生は大丈夫でしょうが、私のようなうっかり者は、そのことによって提案する月を忘れてしまうようなことが起こってしまいそうです。そこで、そのようなことにならないように、裏表紙に貼った覚書を見て、手帳に転記しておきます。その際、私はちょっとした工夫を行っています。その提案をする日を手帳に書くのと同時に、そのための提案文書を作り始める日も手帳に記入するのです。

言うなれば、「仕事をスタートする締切日」です。

たとえば、６月27日の職員会議に、学期末の全校大掃除を提案しなければいけない場合、６月７日の欄に「大掃除の文書を作る」と書いておくのです。こうすることによって、この日になったら、仕事に取りかからなければいけないという気持ちになってきます。

私のように、段取りを組んで計画的にものごとを進めることができない人たちは、できるだけダラダラしている時間を長く持ちたいと思いがちです。だから、自分の気持ちに素直でいると、締切間際まで仕事に手をつけないということになってしまいます。そして、焦るのです。いい仕事ができるはずありません。そうならないために、仕事のスタート時期を決めておきます。取りかかり始める時期をはっきりさせることで、その日まで安心してダラダラできるというメリットも生まれます。

また、時間がかかりそうな仕事については、余裕を持って取り組むために、ウソの締切日を設定することもあります。もちろん、この締切がウソだということは、誰よりも自分がわかっています。それでも、ウソの締切日を手帳に書くことで、「この日までに、やらないといけない」という気持ちになってくるものです（苦笑）。

学校の教育目標が言えますか？

学校の教育目標があって、学級目標があるのです

ところで、あなたは前任校の教育目標を言うことができますか？

こう聞かれて、即答できる人はそう多くはありません。もしあなたがその数少ない人の1人だとしたら、絶滅が危惧されているリュウキュウキンバトぐらい胸を張って自慢してもかまいません。そもそも学校の教育目標の多くは、汎用性を高めるため、一般的な言葉でおもしろみのない表現で示されているので、印象に残りにくいという傾向があります。ただでさえ覚えにくいのですから、即答できなくても当然です。

だからと言って、無視していいということではありません。学校の教育目標を受けて、学年の教育目標があり、そして学級目標があるからです。学級目標を子どもたち

の意見を聞きながら、つくっていく人もいると思いますが、そのような場合も学校の教育目標とのずれがないように軌道修正をしていかなければいけないのです。

えっ、正論過ぎて、堅苦しい？

確かに堅苦しく感じるかもしれませんが、そうすることで、外（管理職、同僚、保護者など）から何か文句を言われたときに**「この教育活動は、学校目標のこの部分を達成するためにしているのですが、何か？」**と反論する（もしくは心の中で叫んで留飲を下げる）ことができるようになります。一つのリスクマネジメントです。

とにかく赴任先の教育目標を覚えましょう

いまさら前任校の教育目標を思い出す必要はありませんので、いまからお世話になる学校の教育目標をしっかり覚えてください。職員会議で正式に決定する前に、学校要覧やホームページで昨年度の教育目標を知っておくのもいいかもしれません。一般的な言葉の表現であったとしても、その学校の雰囲気は何となく伝わってくるものです（ちなみに、私が初めて校長として赴任した際、学校の教育目標を「笑顔が一番、○○小」に変えました。アイドルのキャッチフレーズみたいで覚えやすいでしょ）。

最初の職員会議で気をつけること

「前年度どおりです」と言われても…

4月最初の職員会議は、盛りだくさんです。地域、学校によって多少の違いはあるでしょうが、担当学年や校務分掌の発表、学校の教育目標など、1年の方向性が決まる内容が次から次へと出てくるはずです。

提案された議題をじっくり検討する時間的な余裕はありません。職員会議よりも、学年や学級の仕事に早く取りかかりたいという思いもあり、心の余裕もありません。

当然、前年度どおりの内容については、軽く触れられるのみで、場合によってはまったく触れられないこともあります。ただ、異動してきたものとしては、そこのところが知りたいのです。気持ちはわかります。しかし、ここで会議の流れをストップさせて、「前年度どおりということですが、もう少し詳しく説明していただけませんか？」と、一つひとつ質問をしていくのは、得策とは言えません。たまに、このような質問をする人を見かけますが、明らかに「いま、それ聞くことと違うやろ？」という空気が職員室に流れます。ほんの少し我慢して、**職員会議が終わった後、学年の先生に「この前年度どおりというのが、わからなかったのですが、教えてくれますか？」と尋ねればいいのです。**「そうよね。去年のこと、わからなくて当然よね。ごめんね。これはね…」と謝られた上に、ていねいに教えてくれるはずです。聞いている内容は同じですが、いつ尋ねるかで、あなたへの印象は大きく変わります。

前年度の学校評価、職員会議の前に目を通しておけば、完璧

ときには「これ、前任校のやり方の方が絶対いいのに…」と思うことがあります。でも、その学校にはその学校のこれまでの流れがあります。たいていの場合、そうすべき理由があるのです。安易に代案を提案するのは考えものです。私は異動したら、必ず前年度末の学校評価に目を通します。新年度の方針は、この学校評価が基になっています。これまでの流れとともに、その学校が大切にしていることもわかります。

いつでも見返すことができるファイルをつくろう

転勤あるある「2時間目の終わり」

「ちょうど時間になりましたので、２時間目を終わります。日直さん、あいさつ」

日直の２人が、微妙な表情で顔を見合わせて号令をかけます。

「これで2時間目の授業を終わります。礼！」

子どもたちはいつもに増してうれしそうに休み時間に突入。運動場に飛び出していきます。そんな中、いつもまじめな春名さんがそっと近づいてきて、こう言いました。

「先生、２時間目の終わりの時間は、20分じゃなくて25分です」

異動あるあるの一つです。10時20分か10時25分か。このようなちょっとした違いに戸惑います。では、ちょっとしたことではなく大きく違うことについては戸惑わないかと言えば、そうとも言い切れません。担任時代の私は、給食を取りに行くときの動線や図書室の本の借り方など、前の学校のやり方が沁みついていて、「それ、違いますよ」とクラスのしっかり者からよく注意されていました。

何度も見る文書は、クリアファイルにファイリング

このような異動あるあるに関する内容は、4月の職員会議で提案されます。前年度どおりということで軽く確認する程度のことも多いですが、赴任してきた教師にとってはきちんと押さえておかなければいけない内容です。職員会議の時間内にしっかり把握できるものではありません。後で、何度も見直すことになります。

私は、そのような**後日何度も見返すことになる提案文書を、職員会議のファイルとは別に、クリアファイルにファイリングして、すぐに手に取れる場所（ただしカギのかかるところ）に置いていていました。**人によって必要となる資料は違うと思いますが、私の場合、先にあげた内容以外にも、「学校の教育目標」「校務分掌表」「先生方の名簿」「全校朝会の司会の順番」などをファイリングして、必要に応じてファイリングを見て確認をしていました（タブレットで同様のことをしてもよいです）。

歌詞を見ないで校歌を完璧に歌えれば100万円!?

歌詞を見ないで歌える数少ない歌の一つが校歌

　ちょっと昔、「カラオケで歌詞を見ず完璧に歌って100万円」というテレビ番組がありました。タイトルのとおり、歌詞を見ないで最初から最後まで間違えずに歌いきることができれば、賞金として100万円がもらえるというバラエティー番組です。事前にどんな曲が流れてくるかわからない中、最初から最後まで完璧に歌いきることは、かなり難易度が高いようで、クリアされることはほとんどありませんでした。クリアされなかった場合、小麦粉やドライアイスの煙が顔に直撃されます。大げさにリアクションをしている芸能人を笑いながら見つつ、考えました。

「自分は、何の曲なら歌えるのだろうか?」

改めて考えてみると、最初から最後まで完璧に歌える曲はほとんどありません。「六甲おろし」と「怒りの獣神」と「君が代」、そして、「校歌」ぐらいでした。これは、みなさんも同じではないでしょうか？　もちろん「六甲おろし」が歌えるというところではなく、「校歌」なら完璧に歌えるというところが同じという意味です。

春休み中に校歌を覚えておくとこんないいことが

「始業式の日に、何も見ないで校歌を歌う」

このパフォーマンスに子どもたちは驚きます。子どもたちは、新しく赴任してきた先生が、自分たちの校歌を知っているはずがないと思っているからです。

「はやく○○小の仲間になりたくて、春休みに一生懸命覚えてきました」

というような一言を加えれば、あなたの好感度は急上昇するはずです。

学校要覧やホームページを見ればわかることも多いですが、ここは**音楽の先生に「校歌を覚えたいので、楽譜やCDとかありますか？」と尋ねることが、校歌を覚えるための王道になります。**音楽の先生とのつながりもでき、一石二鳥です。

学校ルールブックを熟読しよう

あなたの学校に「学校ルールブック」はありますか？

学校ルールブックとは、学校でのルール・申し合わせ事項を一つの冊子にまとめたものです。私の勤務校のルールブックには、次のような内容が書かれています。

1・出勤・退勤について　2・出勤したら　3・朝の会　4・給食　5・休み時間　6・清掃　7・終わりの会　8・下校　9・設備などの利用　10・備品の管理・使用　11・業務環境の整理整頓　12・文書管理　13・共有パソコン・サーバーでの文書保存　14・文書保存は共有サーバーの「分掌」に入れる！　15・個人情報の取り扱い　16・業務の引継ぎ　17・プリンター・コピー・印刷機の使用につ

いて　18・ゴミの分別・リサイクル　19・情報伝達　20・児童に関するトラブル対応　21・会議の仕方　22・電話機の操作について

学校のルールなどを共通認識するために、多くの時間がとられているという課題から、数年前から文科省や教育委員会が推している業務改善にかかる取り組みの一つです。名称は違っても、多くの学校で作成されていることと思います。本校では、異動してきた先生方にプリントアウトしてお渡ししているのですが、じっくり目を通している人は意外と少ないようです。本当にもったいないことです。

もしあなたの学校に「学校ルールブック」がなかったら…

残念なことに、異動した学校に「学校ルールブック」がなかったら、自分で作るしかありません。もちろん、きちんとしたものを作る必要はありません。先に紹介したクリアファイルに関係のある文書や質問したメモを挟み込んでいくような形です。ただし、管理職や業務改善の担当に、「学校ルールブック」の必要性を伝えておいてください。学校として作成しておいた方がいいことは、間違いないことですので…。

春休みに大人の学校探検❶

給食室のあの人の名は？

春休みこそ、学校探検をしてください

春休みの教師は忙しい！

とくに４月に入ってからは、新年度の準備のため、息つく暇もありません。ただ、新学期が始まってしまえば、さらに忙しさは加速します。

だからこそ、春休みのこの時期に、ちょっとした時間をつくって、学校探検を行ってください。まだこの時期になら、何とか時間をつくることは可能です。

学校探検、どこからスタート？

教師の学校探検、まず行くべき場所は「給食室」です。

新学期になって給食が始まってしまえば、調理員さんと担任の接点は、給食を取りに行くときと返しに行くときにほんの少し出会うだけで、お話しする機会はほとんどありません。この機を逃してしまえば、1年間ほとんど話をしないまま終わってしまうこともあります。下手をすれば、名前すら覚えてもらえないかもしれません。せっかく同じ学校で働く仲間になったのに、それはさみしいことだとは思いませんか？

だからこそ、まず行くべき場所は「給食室」なのです。

「4月からお世話になる根岸です。好きな給食はカレーです。1年間よろしくお願いします」

さわやかに自己紹介を行ってください。こちらから自己紹介すれば、調理員さんも快く自己紹介してくれるはずです。しっかり、顔と名前を一致させてください。

実際、給食が始まったら、「東野さん、今日のしょうがご飯、めっちゃおいしかったです」というように名前を入れて話しかけます。「根岸さん、しょうがも好きなんやね。今度、たくさんしょうがを入れといたげるわ」なんて返ってきたら言うことなしです。給食室にあなたの居場所ができたということです。放課後、調理員さんの休憩時間に給食室を訪ねれば、おやつをもらえること間違いなしです（俵原の体験より）。

春休みに大人の学校探検❷

百玉そろばんはどこにある？（校舎内編）

前任校で使っていたものがここにもあるか？

多くの学校では、年度末に教材・教具を回収します。前任校もそうだったと思います。1年間教室に取り込みっぱなしだった大型定規や百玉そろばんもいったん教材庫に返還したはずです。つまり、**春休みの教材庫は全ての教材・教具が返ってきたフルチャージの状態といえるのです。**こんなおいしい状態を見逃すわけにはいきません。

まずは、あなたが前任校で日常的に使っていた教材・教具があるかどうかをチェックします。たとえば、新しい学校でも百玉そろばんを日常的に使いたいと思っているのなら、まず算数の教具室に直行します。前年度、誰も使っておらず教材庫の片隅に、ほこりまみれで鎮座していれば、ありがたくゲットしてください。ただし、きれいな状態で保管されていた場合、前年度に誰かが使っていた可能性が高いです。その場合、「早い者勝ち！　ラッキー！」と誰にも言わず教室に取り込んでしまう…と、後々トラブルに発展するかもしれないので、そのようなことはしないで、同じ学年を組む先生に相談してください。その学校でのルールに従いましょう（また、もし、残念ながら、百玉そろばんがなかった場合、備品として購入してほしいことを管理職にお願いしましょう）。

目的もなく、ぶらぶらするのも大切です

お目当てのものを探した後は、ぶらぶらと教材庫を散策してください。

意外なお宝を見つけることができます。

以前、赴任した学校の教材庫で火縄銃のレプリカを見つけたことがあります。そのときは6年生担任ではなかったのですが、テンション爆上がりでした。すぐに授業に使えなくても、何となく頭の片隅においておけば、ときが来れば思い出すものです。

「この学校には、火縄銃があるんですね。すごいですね」「えっ、知らんかった」

職員室での話のネタにもなります。

春休みに大人の学校探検❸

羊門に羊があるの知ってる？（校舎外編）

気楽な気持ちで話のネタ探し

教材庫を中心とした校舎内の学校探検が終わったら、次は校舎の外に足を運んでみましょう。雑草が伸び放題の学習園を見た後、ウサギ小屋でウサギにいやされ、運動場に出て、遊具を触ってみる…。校舎内の教材庫探検ほど、「授業で使えるものはないか」と強く意識することはありませんが、それでも子どもたちや同僚との話のネタになるようなことはいくつも目に入ってきます。

以前勤務していた学校には、子どもたちが登下校時に使う門が東と西に一つずつありました。東側の門は「桜門」、西側の門は「羊門」と呼ばれ、それぞれの門扉には、桜と羊のデザインがされていました。

新学期が始まり、子どもたちと次のような会話をしました。

「東側の門（門扉のこと）に、桜がついているの知ってる？」

「うん、知ってるよ。桜門っていうからね。もう一つは羊門って言うんだよ」

「で、その羊門に、羊があるの知ってる？」

「うそぉ、知らんかった」「おれ、知ってたぁ」「先生、よく見つけたなぁ」

着任して早々、羊門の話題で子どもたちとの距離が一気に縮まったのです。このような話のネタを、校舎外の散策で見つけることができれば大成功です（たとえば、学校のシンボルになるような大きな木、何十周年の記念碑や銅像、校務の先生が丹精込めて育てた花壇など、見るべきポイントはいくつかあるはずです）。

たとえ、話のネタを見つけることができなくても、学習園や遊具、体育倉庫などの位置関係がわかれば、それで十分です。**学校の雰囲気を味わうことが一番の目的です。**話のネタが見つかれば、ラッキーというくらいの気持ちで散策してください。

羊門の羊のモチーフ

春休みに校区探検❶

校舎の周りを歩く

～学校の雰囲気を感じる

ブラ歩きで外からの雰囲気をつかみましょう

学校の敷地内の探索の次は、学校周りの探索になります。

「あの大きな木は、学校の外からでも見えるんだな」

「周りに大きな建物がないので、屋上に上がれば校区を見渡せるかもしれない」

「プールの声、近所に響いてそう…」

「近くに幼稚園があるやん」

学校周りをぐるっと一周するだけでも、外から見た学校の雰囲気が何となく伝わってくるはずです。もしかしたら、近隣の人と出会うかもしれません。そのときは最上級の笑顔で会釈しましょう。春休みの間は、異動の情報はオープンにしていない地域もあります。「今度、4月からお世話になる、○○です。よろしくお願いします」と、うかつに自己紹介してしまわないように気をつけてください。

派手なパフォーマンスはご法度です

時間があれば、学校近くの公園まで、ちょっと足を延ばすのもありですが、春休みの間は派手なパフォーマンスをする必要はありません。間違っても公園の敷地内に入って、子どもたちと遊んだりしないでください。先述したとおり、あなたの情報はまだ解禁されていません。つまり、あなたを教師として認識している子どもは1人もいないという状況です。かなり高い確率で、通報されると思います。一緒に遊ぼうとしなくても、じろじろ見ることも同様に危険です。ちらっとのぞく程度で十分です。

でも、公園のそばを通ったという事実は無駄にはなりません。新学期になって、「春休みに、学校に来る途中、あの公園の前を通ったんだけど、いつもあんなにたくさんの子が遊んでるの？」という感じで子どもたちに話かけることができます。**このような一言で、子どもたちは、「今度の先生は、ぼくたちのことをよく知っている、知ろうとしてくれる」という印象を持ってくれます。**

春休みに校区探検❷

通勤ついでに校区探検 ~校区を知る

優先度はそこまで高くないですが…

学校周りの探索が終われば、次は校区探検です。探索範囲がぐっと広がります。ただし、わざわざ時間をとってまで行う必要はありません。

通勤のついでに行います。

徒歩通勤の場合、普通は最寄りの駅からは最短距離で学校に行っていると思います。春休みの間は、ちょっと遠回りや寄り道をしながら、学校に向かうのです。そうすることで、通勤時間がそのまま校区探検になります（車やバイク通勤の場合も、同じです。ちょっと寄り道して学校に向かうということになります）。

全ての通学路を歩くことができれば完璧ですが、クリアするには多くの時間と労力が必要です。春休みに行うべきことはたくさんあります。完璧な校区探検を行う優先度はそこまで高くありません。ただし、全ての登校路は制覇できなくても、できればここは押さえてほしいなぁというポイントが二つあります。

意外と使える副読本

一つ目は、**校区内で一番学校から遠いところから学校まで歩いてみるということです。**そこから通っている子どもの気持ちに共感するためです。実際に通っている子どもにとっては、その距離を歩いて登校することが既に普通のことになっていると思いますが、実際に自分の足で歩いてみると、その子たちのがんばりが実感できます。このような気持ちを持って、子どもたちと接することが大切なのです。

二つ目は、校区の中の特色ある場所を確認することです。

「この校区で有名なところってありますか？」

先輩の先生に聞いてみるのが一番です。また、意外と使えるのが、3、4年生の社会科で使うその地域の副読本です。校区のことや市のことがわかりやすく記述されています。3、4年生の先生に借りて、校区探検のガイドブック代わりにしてください。

春休みに校区探検❸

学校近くのおいしいお店は？

～地域の雰囲気を知る

異動した最初の春休みは外食です

当たり前のことですが、春休みには給食がありません。でも、お昼になるとおなかがすきます。お昼ご飯は食べなければいけません。

あなたは、お家弁当派ですか？　コンビニ派ですか？　それとも外食派ですか？

一人ひとりこだわる理由があるでしょうし、お昼ご飯ぐらい自分の好きなようにしてもらっていいと思っています。ただ、それでも、異動して初めての春休みについては、1日か2日でいいので、いったんこだわりを捨てて外食派になって、学校近くのお店でお昼ご飯を食べてみてください。

既に「通勤ついでに校区探検」をしている場合、学校の近くにどんな店があるのかは、大体わかっているかもしれません。もしそうであったとしても、（そうでなかったらなおさら）同じ学年の先生に尋ねてみるのがベストです。

「彩木先生、学校の近くにおいしい店ってありますか？」

何年かその学校に勤務している先生なら、普段はお家弁当派やコンビニ派だとしても、学校近くのおいしいお店をいくつか知っているものです。

「43号線沿いのお蕎麦屋さんかな？　あっ、それから商店街のたこやき屋もお勧めよ」など快く教えてくれるはずです。「今度、行ってみます」と笑顔で応えてください。

「じゃぁ、明日、学年で行ってみようか？」

となることもあるでしょう。学年の絆も深まり、いいことずくめです。

駅近の喫茶店に入り、常連さん気分に浸る

帰宅途中に、駅前にある喫茶店にふらっと入ることもお勧めです。１日の仕事が終わり、おいしいコーヒー片手にほっと一息つく…これはこれで趣があってなかなかいいのですが、私の場合、他のお客さんに目が行きます。とくに会話をすることはありませんが、**同じ場にいることで、何となく地域の一員になれたような気がします。**

第3章

校区が違えば、子どもも違う！

黄金の3日間をより有効にするために

自己紹介は、得意なことをストレートにアピール（着任式編）

着任式のあいさつ失敗例と成功例

私の勤務する芦屋市では、始業式の前に、新しく異動してきた先生を全校生に紹介する着任式というものがあります。校長先生が簡単に名前などを紹介した後、1人ずつ自己紹介を行います。子どもたちは、「新しく来た先生はどんな先生なんだろう」と興味津々です。子どもたちのあなたに対する純真な期待度は、管理職や同僚の先生以上です。職員室では、オーソドックスな自己紹介をお勧めしましたが、ここでは、「楽しそうな先生だな」というアピールもほんの少し入れてみましょう。ただし、調子に乗ってしまうと失敗することもあります。まずは、私の失敗例を紹介します。

「長谷小学校から来た俵原と言います。ちょっと長くて覚えにくいかもしれないので、もう一度言いますね。『た・わ・ら・は・ら』…（髪の毛をくちゃくちゃとするアクションをしながら）『た・わ・し・は・ら』とは言わないでくださいね」

ウケました。ただ、笑いがとれたのはいいのですが、この後、低学年の子どもたちから、『たわしの先生』としばらくの間言われ続けました。自分が蒔いた種とはいえ、これには参りました。自虐的なネタで笑いをとろうとするのはNGです。自分のクラスの子とは違い、全校生相手に与えた最初の変な印象をリカバリーするのは至難の業です。**得意なことをストレートにアピールする方がうまくいきます。**

「みなさん、おはようございます。朝日ヶ丘小学校から来た俵原と言います。先生が得意なことは、イラストを描くことです（スケッチブックを取り出し、その場でスーパーサイヤ人バージョンの孫悟空を描く）。オッス！　おら、悟空。これからよろしくな」

その場でサッと書いた悟空のイラストに、子どもたちから歓声が上がりました。この後、廊下で他のクラスの子に会うたびに、「イラストのうまい先生」と声をかけられていい気分。「たわしの先生」とはえらい違いです。この「イラスト」の部分は「二重跳び」でも「ダンス」でも構いません。いろいろな子が聞くことになる着任式では、採用試験の面接でも話せるような正統派な内容でアピールすることをお勧めします。

子どもたちの新しい先生に対する期待感は、半端ありません

子どものやる気も120%アップ（当社比）？

着任式での自己紹介も終わり、始業式が始まりました。

私の勤務している芦屋市では、始業式で担任の発表を行います。小学生にとって、学級担任の存在はとても大きなものです。子どもたちは気になって仕方ありません。

「5年1組、清井先生」

「よっしゃ！」

手をたたいて喜んでいる子もいます。昨年度からの持ち上がりがうれしかったようです。いつも笑顔で、休み時間も子どもたちとよく遊んでいた先生です。

「5年2組、堀先生」

「……」

生活指導の強面の先生です。子どもたちの緊張感が伝わってきました。

子どもたちの反応は正直です。担任発表の前に、「いまから担任の先生の発表を行いますが、最後まで静かに聞いてください」と注意されていたことなど、お構いなしです。

「5年3組、○○先生」

「やったぁ！」

着任式で一度会っただけにもかかわらず、歓声が上がりました。自己紹介がよかったのかもしれませんが、ほんの短い時間であなたの人となりまでわかるはずありません。たぶん、自己紹介がうまくいかなかったとしても、かなりの確率で歓迎の意を示してくれたはずです。**子どもたちにとって、新しい先生というだけで、あなたはワクワクするスペシャルな存在になっているのです。**期待感は、半端ありません。

「よし、喜んでくれたこの子たちのためにがんばろう！」

子どもたちの反応を受けて、期待に応えようと改めて思うはずです。

始業式が終わった後、教室に戻ります。実は、ここからが本番なのです。

自分のクラスの子どもたちへの自己紹介のポイント（教室編）

まずは、名前を覚えてもらいましょう

始業式が終わり、子どもたちとともに教室に帰ってきました。

ここで改めて、自分のクラスの子どもたちだけを相手に自己紹介を行います。

以前、６年生を担任した次の年に、２年生の担任になったことがありました。そのときの話ですが、教室に帰って、「先生の名前を覚えていますか？」と聞いたところ、２、３人しか手が挙がらず、力が抜けたことがあります。子どもたちは、意外と先生の名前を覚えていないものです。着任式での自己紹介の印象もあるでしょうから、２、３人ということはないでしょうが、それでも油断できません。「名前だけでも覚えて帰ってくださいね」と、売れないお笑い芸人のようなことを言いながら、自分の名前

をアピールしてください。自分の名前で「あいうえお作文」をするのもよし、黒板いっぱいの大きな字で名前を書いた後に暗唱させるもよし、連絡帳に教師の名前を書かせて「今日帰ったらお家の人に先生の名前を教えてくださいね」と宿題にすることで覚えさせるのもよし、まずは、子どもたちにしっかりと名前を覚えてもらいましょう。

クラスの子どもたちにスペシャル感を与えましょう

「着任式で悟空を描いたでしょ。実は、先生、悟空以外にもいろいろ描けるんだよ…」

自分の名前をしっかりアピールした後は、子どもたちに、自分が得意なことのスペシャルバージョンを披露してください。**自分たちだけが教えてもらったといううれしさから、「私の先生」という意識が強くなります。**また、時間に余裕がある場合は、「先生に何か質問はありますか？」と尋ねることで、子どもたちとたくさん会話をすることができます。教師と子どもたちとの距離が一気に縮まります。ここでは採用試験の面接のような優等生的な返答をする必要はありませんが、2学期半ばの参観日で保護者のみなさんが見ている程度の緊張感は持って質問に答えてください。羽目を外すのは、子どもたちと信頼のパイプがつながってからでも遅くはありません。

異動のあるなしにかかわらず押さえておきたいこと

伸びたか・伸びていないか

自己紹介が終わったら、教師の所信表明を行います。新しい先生への期待度マックスの初日こそ、教師の思いをしっかり伝える大チャンスです。時間がなければ、教室での自己紹介をカットしてもかまいません。先生のPRには始業式でなくても子どもたちは食いついてきます。**初日に時間をかけるべきはあくまでも所信表明です。**

「先生が、一番大切にしていることは、『できたか・できていないか』ではありません。『伸びたか・伸びていないか』ということです。テストで90点のAさんと60点のBさんでは普通Aさんの方がほめられます。でも、前のテストはAさんが95点、Bさんが20点だったとしたら、どっちの人ががんばっていると思いますか?」

子どもたちはきっとこう答えるはずです。

「Bさんです」

「そうですね。先生もBさんの方ががんばっていると思います。結果だけを見て、Bさんより上だからと安心してAさんが努力しなければ、Bさんはこの後も少しずつでも伸びていくはずなので、点数という結果でもいつかBさんに追い抜かれることになります。人生のピークが5年生でいいのなら、それでもいいんですけどね」

子どもたちは真剣な表情で聞くはずです。

実は、異動があるなしにかかわらず、私はこの話を毎年行っていました。私の学級づくりの根幹となるものです。……ということで、「新しい学校に赴任した際」という本書のテーマとは少しずれているのですが、あえて書かせていただきました。ご容赦ください。また、この所信表明のほかに、始業式の日に私が必ずすると決めていることがあります。それは、全員の子に声をかけるということです。ノルマは全員にそれぞれ10回以上です。始業式の日は意外と時間がありませんが、教師が意識することで、たとえ10回というノルマが達成できなくても、全員にそこそこ声をかけることはできることになります。少なくとも声がかけられない子をつくることはなくなります。

赴任してきた学校をほめまくる

帰る時間が来たら、まだやりたいことがあっても終わる

始業式当日は、あっという間に時間が過ぎていきます。自己紹介や所信表明のほかにもやらなければいけないことが山積みです。新しい教科書を手渡し、学校からの大量のお手紙を配り終えたころには、もう帰る時間です。異動したら、早い段階でしておきたいことの一つに、「赴任してきた学校をほめまくる」というものがあります。

でも、何が何でも初日にしなければいけないものでもありません。「赴任した学校をほめまくる」ことは、2日目以降に行うことにしましょう。

ただし、新学期の2日目も、やるべきことはたくさんあります。始業式からの3日間は、「黄金の3日間」ともいわれ、私も、この時期に1年間のクラスのルールや仕組

みの大部分を決めていきます。授業もしなければいけません。つまり、2日目以降も「赴任してきた学校をほめまくる」ための時間がほとんどないということになります。

でも、大丈夫。授業時間外で行えばいいのです。

授業時間以外でほめまくろう

たとえば、朝一番、教室で子どもたちを出迎え、開口一番、こう言うのです。

「おはよう。けさ、5年生のトイレを見たら、トイレのスリッパがきちんと並んでいて感動したんだけれども、いつもそうなの？」

実際にきちんと並んでいたら、素直に感動すればいいですし、実際はきちんと並んでいなかったら教師が並べた後、素直に感動したふりをすればいいのです。子どもの反応がどうであれ、次のように言葉を続けます。

「○○小学校の5年生って本当にすごい。○○小学校に来れてよかった！」

このような会話を休み時間ごとに繰り返していきます（笑）。**どんな小さなことでも、多少わざとらしくてもいいのです。**ほめて、ほめて、ほめまくりましょう。

何かにつけて子どもたちに頼る

昼休みは、学校探検に連れて行ってもらおう

給食が始まり、初めての昼休み。あなたの周りに子どもたちが寄ってきます。

「先生、昼休み、ドッジボールしよっ！」

魅力的なお誘いです。断る理由はありません。でも、この日は、こちらから再提案。

「お願いがあるんだけど、今日は先生に学校のいろいろなところ、教えてくれへんかな？　ドッジボールはまた今度必ずするから」


基本的に子どもたちは教えたがりです。教師のこの提案に、子どもたちはもちろん乗ってきます。学校探検の始まりです。あなたの周りを大勢の子どもたちが囲んで、運動場を進んでいく姿は、さしずめ木星とその衛星のようです。

「たしか、ウサギ小屋があったよね」

「うん、2匹いるよ。ジュピターとイオっていうの」

春休みに学校探検を行った成果がここで生きてきます。ただし、あくまでも、子どもたちが話すためのネタフリに使ってください。

地球儀がどこにあるのか教えてもらおう

今度は放課後。何となく教室に残っている子に声をかけます。

「明日の社会科で使いたいんだけど、地球儀ってどこに置いてあるか知っている？」

もちろん、あなたは地球儀がどこにあるかは、春休みの学校探検の際にリサーチ済みです。でもあえて聞くのです。尋ねられた子が地球儀の置かれている教材庫のことを知っていたら、その場所に連れて行ってもらいましょう。もしはっきりと知らなかったとしても、先生から頼られて嫌な気になる子はいません。

「もしかしたら、3階の倉庫じゃないかな？」

たとえ、3階の教材庫になかったとしても、その子とあなたとの距離は確実に縮まるはずです。どんどん子どもたちに頼ってください。

休み時間は全力で遊ぶ、疲れたら適当に遊ぶ

学校探検が終わったら…

「先生、昼休み、ドッジボールしよっ！」

またまた魅力的なお誘いを受けました。今度こそ断る理由がありません。

「よしやろう！　この前約束したもんな」

たとえ、あなたが前の学校で休み時間は一切遊んでいなかったとしても、いまの学校の子どもたちは知りません。リセットするチャンスです。二つ返事で受けてください。

「新しく来た先生は遊んでくれる」

という評判が一気に広がります。ドッジボールのような遊びの場合、手加減無用です。怪我をさせるような危険球はいけませんが、全力で遊んでください。大人の本気を見

せつけるのです。ただし、４月当初がんばりすぎて、子どもたちと遊ぶことが次第にフェードアウトしてしまうのも考えものです。全力で遊ぶのがきつくなってきたと感じた場合は、全力で遊ばなくてもかまいません。ドッジボールなら当てられて外野にいる子の横でとりとめのない話をしていてもいいのです。**一緒の場にいるだけで、先生は遊んでくれるという認識を子どもたちはしてくれます。**

クラスの子全員と遊ぶ

休み時間の過ごし方で気をつけることは、声をかけてきた子どもたちとばかり遊んでしまわないことです。圧が強い子に押し切られないようにしてください。

私の場合、外で遊んだ次の休み時間は、教室や図書室にいる子とともに過ごすようにします。アウトドア派、インドア派関係なく、クラスの全員の子どもたちとつながることを意識して休み時間を過ごしてください。

「先生、昼休み、ドッジボールしよっ！」

「ごめん。今日は、教室で折り紙をする約束したから、ドッジボールは明日するわ」

きちんと話せば、アウトドア派の子もわかってくれます。

方言はよくも悪くも、もろ刃の剣

地元の言葉で話すと、温かみが出ます

いまから30年ほど前、私は、野口芳宏先生に授業を見ていただいたことがありました。そして、授業の後の検討会で、次のような言葉をいただいたのです。

「先生も子どもたちも関西弁で話していて、温かい感じがしました。とてもいい雰囲気でした」

昔から自分に甘い私は、この言葉を「野口先生に授業をほめていただいた」と捉え、いい気分になったものです。でも、よく考えてみると（いや、よく考えなくても）、授業のことには一切触れられていません（笑）。それでも、授業の名人といわれる野口先生にほめられたことは、私にとってちょっとした自慢になりました。

わかりにくいたとえになってしまいましたが、**つまり、私が言いたいことは、その地域で話されている言葉は大切にしてくださいということです。**

授業は公的な場なので公的な言葉で話しましょう

もちろん、方言がオールマイティーということではありません。ある年、学校に次のようなクレームが来たことがありました。

「○○先生の話し方がきつくて、子どもが怖がっています」

とくに、出身地が勤務地と違う人は気をつけてください。たとえば、関西出身の教師が、東京でこてこての大阪弁でまくしたてたら、しゃべっている本人にはまったくその気がなくても、言われた方はかなり恐怖を感じると思います。ここまで極端ではなくても、市が違うだけで、言葉のニュアンスがずいぶんと違うことがあります。市をまたいだ異動のときは、とくに気をつけてください。実は、前述した野口先生も、「授業は公的な場なので、公的な言葉で話さなければいけない」とも言われています。とくに授業時間は、ていねいな言葉遣いを意識してください。では、なぜ私はほめられたのかというと、たぶん、上品な関西弁で話していたからではないかと…（笑）。

異動一発目は、とっておきの授業を披露する①

なぜか子どもたちから人気のある先生

世の中には凄い先生がいます。

愛想がいいか悪いかと言えば、間違いなく無愛想と言い切ることができます。休み時間、運動場で子どもたちと遊んでいる姿を見ることもありません。でも、保護者からの信頼は厚く、クラスの子どもたちもその先生のことが大好きです。普通に考えれば、こうなるはずありません。ただ、子どもたちから好かれるのは、凡人には理解できない神秘的な理由があるからではありません。「授業がうまい」というきちんとしたとてもシンプルな理由からです。

子どもたちが、学校にいる間で一番長い時間を過ごしているのが、授業の時間です。

例え、不愛想でも、休み時間にいっさい遊ぶことがなくても、授業が楽しくて自分たちの力が伸びているということがわかれば、子どもたちは先生についていきます。

でも、授業の腕を上げることは、一朝一夕にできることではありません。授業の腕を上げるための教師修業を続けつつも、凡人の我々は保険をかけた方が安心です。だから、笑顔で接し、子どもたちと休み時間は遊び、たわいのない話をして子どもたちとの距離を縮めようとするのです（…と言いつつ、私の場合は、単に子どもたちとワイワイするのが楽しいからやっているということが本当の理由かもしれません）。

だからこそ、授業が大切。がんばりましょう！

つまり、何が言いたいのかと言うと、**子どもたちにとって授業が楽しいかどうかは教師を評価する大変重要なファクターだということです。**それだけに、異動して一発目の授業には心して取り組まなければいけません。自分にとって、これは鉄板だという授業を披露してください。「新しく来た先生は、授業がおもしろい」、こう思わせることが最重要事項です。オリジナルな実践にこだわる必要もありませんし、単元や担当学年を無視した一発芸的なものでもかまいません。

異動一発目は、とっておきの授業を披露する②

超おすすめ、鉄板授業「漢字探し」

私がおすすめするとっておきの鉄板授業は向山氏の漢字探しです。

黒板に、下の図のような図形を書きます。そして、こう言います。

「この中に漢字が隠れています。わかりますか?」

勢いよく子どもたちの手が上がります。

「はい、たんぼの『田』です」

「正解。よくわかったね」

「簡単、簡単。まだあるよ」

「では、どうぞ」

「山手小学校の『山』です」

「1・2・3・4・5の『五』です」

最初は、反応のいい2〜3人の子どもに答えさせて、全体にルールを説明します。教師が言葉で説明するよりも、実際にやってみた方がわかりやすいからです。

「やり方はわかりましたか？　では、いまからが本番です。全員、ノートを出してください。3月に1年生で30個書けた子がいたけど、目標はとりあえず10個です」

軽く挑発をして、スタートします。子どもたちは、真剣な表情でノートに向かいます。「おっ、10個クリア」「この漢字は他の子は見つけていないよ。やるねぇ」「凄い、30個を超えている」等、ぶつぶつしゃべりながら机間巡指をします。教師の言葉を聞いて、子どもたちの記録はどんどん伸びていきます。集中した時間が続きます。この後、発表して授業は終わるのですが、この授業のいいところは、この1時間だけでは終わらないというところです。家に帰った後、家族を巻き込んで子どもたちの追求が続きます。**「今度の先生の授業はおもしろそうだ」と保護者にもアピールすることができるのです。**これまでに、いろいろな先生に紹介しましたが、新任の先生でもベテランの先生でも、ほぼ同じような子どもたちの反応があります。ぜひ、お試しあれ。

アクティビティもとっておきを披露する

初めての席替え直後におすすめのネタ

新学期が始まってしばらくの間は、子どもたちの席は出席番号順に並んでいることが多いと思います。でも、いつまでも同じ席のままというわけにもいかず、そのうち席替えを行うはずです。班のメンバーも当然変わります。そのような席替え直後におすすめのアクティビティを紹介します。班のメンバー間の結びつきが一気に強くなります。山口県の中村健一先生に教えていただいた優れもののアクティビティです。

「では、いまから新しい班で対抗戦を行います。全員立ってください。1班から順番にしりとりをしていきます。制限時間内に言えなかったり、最後に『ん』のついた言葉を言ったりしたらアウトです。アウトになったら座ってください。しりとりの答えは誰が言ってもかまいません。最初に思いついた人が言ってください」

この後、このしりとりは「答えが4文字であること」という条件も付け加えます。

「とりあえずやってみましょう。では、1班から。制限時間は5秒。しりとりの『し』」

制限時間が5秒ということに、少しどよめきが起きますが、お構いなしにスタート。

「……り……りかしつ」

「オッケー。では2班。りかしつの『つ』。5・4・3」

カウントしながら、次の班に振っていきます。2班は焦ってしまったようです。

「2・1・0！　残念アウト。座ってください。次は3班。りかしつの『つ』」

このしりとり合戦の最大のポイントは、回答する順番を決めずに、最初に思いついた子が回答するところです。回答する順番を決めて、班対抗を行うと、答えられなかった子が班のほかの子に責められることがあります。班のみんなが仲良くなるためにしているのに、そうなっては意味がありません。でも、誰が言ってもいいというルールにすると、答えられなかった場合は班全員の責任になります。誰かを責めることもできません。逆に自分がわからなくても、ほかの誰かが答えることができればクリアなので、答えてくれた子に感謝する気持ちが芽生えます。メンバーのつながりが深まります。

キャラチェンジもいいけれど…

「おもしろい先生」になることは難しい

「異動に乗じて、心機一転。新しい環境になったことをきっかけにして、いままでとは違う自分になってみよう」と思うことは、けっして悪いことではありません。「整理整頓ができなかった自分にさようなら」なんて、むしろいいことだと思います。ただし、絶対におすすめしないキャラチェンジがあります。

それは、「おもしろい先生」へのキャラチェンジです。

かなり高い確率で失敗するからです。子どもたちから笑いがとれないというだけならまだいいのですが、高学年の担任の場合、空気が読めない痛い先生という評価になり、子どもたちとの距離が広がることもあります。というのも、おもしろい先生になるには、センスが必要となります。少なくとも学生時代、クラスの中でおもしろいやつと認識される程度のポテンシャルは必要です。おもしろい先生にキャラチェンジすることは、かなりハードルが高いミッションだということです。

もちろん努力して、おもしろい先生になることは可能です。でも、新しい学校に異動したのを機に、短期間でおもしろい先生にキャラチェンジすることは、１週間でベジータが悟空のようなキャラになるぐらい難しいことなのです。「物事が変わるのは一瞬だ」というＹＯＳＨＩ－ＨＡＳＨＩの言葉がありますが、そのＹＯＳＨＩ－ＨＡＳＨＩでさえ、初めてベルトをとるまでに約12年もかかったのです。おもしろい先生にキャラチェンジするには、一瞬ではない時間が必要なのです。

「おもしろい先生」にならなくても…

でも、ご安心ください。笑顔あふれるクラスを創るには、おもしろいことを言って、子どもたちを笑わす必要はありません。先生がいつも楽しそうなら、クラスの雰囲気は明るくなり、子どもたちの笑顔も多くなります。つまり、**目指すべきは、「おもしろい先生」ではなく「楽し気な先生」ということです。**

第4章

校区が違えば、保護者も違う！

保護者にいい印象を持ってもらうために

あなたはすでにリサーチされています

「俵原」ネット検索で、情報ダダもれ

異動してすぐの話です。朝の読書タイムの時間に校舎内をウロウロしていたら、１人の女の子から声をかけられました。

「校長先生、ももクロと会ったことがあるんですか？」

はい、何度も会ったことあります。ただ、新しい学校では、教職員も含めて誰にもそのような話をしたことはありませんでした。不思議に思い、聞いてみました。

「うん。会ったことあるけど、何で知ってるの？」

「お母さんが言っていました」

なるほど。納得しました。私の勤務地では、４月になると地元の新聞に教職員の異

動のお知らせが掲載されます。この子の保護者は、新しく赴任してくる校長がどんな人物なのかネット検索したに違いありません。実際「俵原」と検索して画像を見てみると、ももクロのラジオ番組に出たときの写真が出てきます。たぶん、それを見たのでしょう。まぁ、私の場合、ちょっと特殊な例かもしれませんが、SNSがこれだけ浸透した時代においては、その気になれば結構多くの情報を得ることができるものです。違う学校でも、塾や習い事が同じで保護者どうしがつながっていることもあります。あなたが思っている以上に、あなたの情報は伝わっていると考えてください。

マイナスの情報でも気にすることなし

ただし、保護者がリサーチしているであろう情報について、必要以上に恐れることはありません。「今度やってくる先生はいい先生らしいよ」というようなプラスの情報だとしたら、そのままありがたく受け取っておけばいいですし、「今度やってくる先生は、ちょっと…」というようなマイナスの情報だとしても、その印象を覆せばいいだけです。**人から聞いただけの実感を伴っていない印象ですので、実際のあなたの行動で「あら、意外とやるじゃない」と覆すことは比較的簡単です。**

前任校で、学級を崩してしまった人は

マイナスのイメージを挽回することは可能です

ちなみに、前任校でのあなたのクラスの雰囲気はどうでしたか？

1年間、子どもたちは楽しく学校生活を送ることができましたか？

それとも、残念なことにちょっとよくない状態でしたか？

結局、保護者の関心事は、自分の子どもが楽しく学校生活を送れるかどうかにつきます。もし、前任校でクラスを崩してしまっていたら、その情報は赴任先の学校の保護者の間にあっという間に広がります。中には「新しく来た先生は大丈夫ですか？」と不安になり、4月早々管理職に訴えてくる保護者が出てくることもあります。

実際にそのような保護者の動きが目に入ったら、いい気分にはなりません。一気に今年１年のやる気がなくなってしまうかもしれません。でも、ここで気持ちが折れてしまってはいけません。まだ何も始まってもいないのです。挽回することは十分可能です。**要は、子どもたちが楽しく学校生活を送ることができるクラスを創っていけばいいのです。**それができれば、「子どもに甘い先生」という前評判が、実は「子どもにやさしい先生」だったということに変わります。阪神ファンが得意な手のひら返し現象です。

あなたはどのようなタイプの教師ですか？

ただ、手のひら返しを行わせるためには、絶対に学級を崩してはいけないということになります。そのためにも、前任校での自分を振り返る必要があります。

あなたはどのようなタイプの教師ですか？

教師のタイプによって、学級の崩れ方が違ってきます。あらかじめ、自分のタイプがわかっていれば、どんな崩壊フラグが立ちやすいのかがわかるので、早期発見、早期対応ができるのです。新しい学校で、学級を崩さないためにも自分はどのようなタイプか、自己分析してみましょう。

あなたのタイプはどっちですか？

圧の強い教師と圧の弱い教師

大きく分けると、教師のタイプは二つに分かれます。

圧が強い教師と圧が弱い教師です。

「圧が強い」というのは、子どもに対する圧力が強いということです。子どもの中にグイグイ食い込んでいきます。よい方向に出れば「元気溌溂、エネルギーに満ちた」先生、悪い方向に出れば「厳しい、空気が読めない、一緒にいると疲れる」先生になってしまいます。「圧が弱い」というのは、「圧が強い」の真逆になります。子どもに対する圧力が弱いということです。教師自身にその気がなくても、子どもに対して、どこか遠慮気味なように見えます。これもよい方向に出れば「優しい、子どもによりそう」

先生、悪い方向に出れば「元気がない、優柔不断、何をしても叱れない」先生になってしまいます。これらの二つのタイプに優劣はありません。たとえば、圧の強いタイプの教師が、前任校でクラスがうまくいっていたら「元気いっぱいで、やる気のあるいい先生」という噂になり、うまくいっていなかったら「恐くて、子どもの気持ちがわからない先生」という噂が流れることになります。圧の弱いタイプの教師が、前任校でクラスがうまくいっていたら、「優しくて、子どもの気持ちがわかる先生」という噂になり、うまくいっていなかったら「子どもを指導することができない頼りない先生」という噂が流れることになるのです。

さぁ、あなたはどちらのタイプですか？

まず、自分はどちらのタイプか自覚することから全ては始まります。

そして、**自分のタイプがわかったら、その特徴が悪い方向に出ないように意識しつつ、いい方向で発揮できるように努力すればいいのです。**そうすることで、保護者が前任校でどんなリサーチをしていたとしても、恐れることはなくなります。では、何に気をつけて、新学期を迎えればいいのでしょうか？　その答えは、…次のページをご覧ください。

子どもたちとの出会いで気をつけること（圧の強い教師編）

圧が強い教師ほど、笑顔を意識してください

圧が強いタイプの教師の場合、子どもたちと初めて出会う際に気をつけることは、「今度の先生は恐そうだ」という印象を与えないということです。家に帰ってきた子どもから「新しい先生はなんか恐そう…」という声が聞こえたとしたら、保護者は「あっ、あの噂はやっぱり本当だったんだ」という思いを持つことになり、あなたへの印象はかなりマイナスからのスタートになってしまいます。

そうならないためには、やはり笑顔です。笑顔の教師でいることです。

桂枝雀が唱えたお笑いの基本概念に「緊張と緩和」という言葉があります。始業式の日は、子どもたちも緊張しています。その緊張をあなたのとびっきりの笑顔で緩和

するのです。**出会いの場面での最高の笑顔は、子どもたちのあなたへの印象を決定づけます。**「新しい先生は楽しそうだ」と…。３秒の笑顔で、がんばってください。

恐くて、子どもの気持ちがわからない先生と言われないために

次に気をつけることは、話し方です。子どもたちが「元気いっぱいでやる気のある先生」という印象を持つことはいいことなので、いつもどおりよく通る声ではきはきと話せばいいのですが、その際、言葉がきつくならないように注意してください。

早口でまくしたてられると、聞いている方は疲れますし、人によっては恐怖を感じることもあります。緊張すると、声のトーンが高くなり早口になりがちです。初めての出会いの場では教師でも緊張しますし、いつもよりもテンションも高くなります。だから、いつもより少しゆっくりめに話すつもりでちょうどいい感じになるはずです。

また、「黄金の３日間」で子どもたちが素直に話を聞くのをいいことに、教師自身の思いを押し付けたり、無理強いをしたりしてしまうと「子どもの気持ちがわからない先生」という評価になってしまいます。朝の会や係を決める際も、子どもたちに意見を聞きながら進めてください。

子どもたちとの出会いで気をつけること（圧の弱い教師編）

圧が弱い教師ほど、声を意識してください

圧が弱いタイプの教師の場合、子どもたちと初めて出会う際に気をつけることは、「優しくて、子どもの気持ちがわかる先生」というイメージを崩さないことです。くれぐれも、4月早々「子どもを指導することができない頼りない先生」というイメージを持たれてはいけません。

そうならないために意識すべきことの一つが、声です。

圧が弱くてクラスを崩してしまう先生の多くは、声に力がありません。子どもたちに声が届いていないのです。**子どもの前で話すときには、普段よりも大きく声を出すことを意識して腹式呼吸の張りのある声で話をしてください。**

　また、声と同じくらい意識してほしいことに、教師の視線があります。極端な場合、目が泳いでいることがあります。そこまでいかなくても、教師がどこを見ているのかわからない場合があります。いきなり目力を強くすることは難しいですが、視線がどこを向いているか意識して、全ての子どもと目が合うように努力してください。

子どもを指導することができない頼りない先生と言われないために

「黄金の３日間」の間は、教師のタイプに関係なく、子どもたちはしっかりと話を聞いてくれます。圧の弱い教師の場合、ついつい子どもたちの意見を聞いて流されてしまうこともあるのですが、この３日間は少々強引なぐらいでかまいません。強引に進めるくらいでちょうどいい感じになると思います。この期間に、学級のシステムをしっかりと確立することで、「子どもを指導することができない頼りない先生」というマイナスのイメージを払しょくすることができるはずです。もちろん、子どもに意見を聞いてはいけないということではありません。しっかり聞いて、「なるほど、よくわかりました。ありがとう」と気持ちの入った声でしっかり返してください。そうすることで「優しくて、子どもの気持ちがわかる先生」のイメージは強化されます。

教師の圧をすぐに変えることはできませんが、外見だけなら…

圧が弱い教師は、こんな服装で…

異動をきっかけに、圧の強い教師が圧の弱い教師に代わることが難しい（もちろんその逆も）ことは、前述させていただきましたが、外見を変えることで見ための圧を変えることは可能です。

たとえば、圧が弱い教師の場合、下の図のような服を着ることで、自分の圧を強めることができます。ヘアスタイルやメイクまでまねができれば完璧です。

もちろん、冗談です。絶対にしないでください。

暖色系の色で、明るく元気っぽくみせる

この例は嘘八百ですが、**外見を変えることで見ための圧を変えることが可能だということは本当です。**

たとえば、圧が弱い教師の場合、服の色を暖色系に変えてみるのです。赤、ピンク、オレンジ、黄色などの服を着ることで、「明るい」「元気」「エネルギッシュ」な印象を子どもたちに与えることができます。あるアイドル推しのように、全身、ピンクになる必要はありません。ワンポイントでもいいと思います。反対に、圧が強い教師には、心を落ち着かせる効果がある青のような寒色系の色をおすすめします。色にはさまざまな心理的効果があります。

また、前ページのように逆モヒカンまでするのはやりすぎですが、ヘアスタイルを変えてみるのもいいかもしれません（メイクについてはよくわかりませんので、それぞれ各自調査してください）。見ためが変わると、内面も変わってきます。異動を機に、心機一転の意味も込めて、前任校ではあまり着ていなかった色の服装やいままでとは違うヘアスタイルにチャレンジしてみてはいかがでしょうか。

保護者との出会いは、最初の5秒

異動後初の懇談会は多くの保護者が参加します

1年生の担任でもない限り、保護者との最初の出会いは4月の学級懇談会になります。いきなり入学式でご対面となる1年生担任に比べて、少し時間に余裕があるのはいいことなのですが、学級懇談会が行われる頃は、子どもたちのあなたへのイメージもぼちぼち固まっているはずです。多くの保護者は子どもたちからあなたの印象を聞いて懇談会に参加してきます。期待感からか？　はたまた不安感からか？　理由はいろいろあるかもしれませんが、「どんな先生なんだろう？」と新しく赴任してきた我が子の担任を見るために、多くの保護者が参加するはずです。

最初の懇談会で気をつけること

人が描いた第一印象はなかなか覆りません。最初にいい印象を持ってもらうのと、悪い印象を持たれてしまうのとでは、その後の学級運営のしやすさが全然違ってきます。**人の第一印象は、出会って5秒で決まるといわれています。**清潔感のある服装で、笑顔で懇談会に臨んでください。意識するのは「３秒の笑顔×20回」です。

また、私自身もそうでしたが、若い先生の場合、自分より年上の保護者にお話しすることにプレッシャーを感じる人も多いと思います。当日は緊張してうまくしゃべれなくなることもあります。だからこそ、事前に準備できる教室掲示や当日に配る資料作成には全力で取り組んでください。たとえば、始業式から懇談会までの数日間の子どもたちの様子を撮影した動画などを準備しておけば、当日うまく話せなくても時間はつぶせます（笑）。このような後ろ向きな理由以外にも、参観日などでも見ることができない普段の日常を見ることができるので保護者のみなさんには好評だという前向きなおすすめ理由もあります。この動画は、凝った編集などしなくても大丈夫です。普段の様子を撮った写真をつないで見てもらうだけでも喜んでもらえます。

地域の人たちとのかかわりにおける居場所づくりのポイント

「対地域」の場合は、出すぎる杭になろう

これは、校長になって赴任した先での私の話です。初めて地域の重鎮のみなさんと顔を合わせる会合がありました。

「みなさん、初めまして。いつも宮川小学校の教育に対してご理解、ご支援ありがとうございます。この度、新しく校長としてお世話になります俵原です」

面白みのないかしこまった第一声です。地域の方々も緊張した表情で聞いています。

「すみません。緊張して暑くなりました。ちょっとジャケットを脱がせてもらいます」

ジャケットを脱いで裏返した瞬間、歓声が上がりました。紺色のジャケットが、阪神タイガースのユニフォームに早変わりしたからです。実は、この日に着ていたジャ

ケットは、ひっくり返すとタイガースのユニフォームになるような裏地になっている特注品だったのです。

「今度の校長はおもろい！」

タイガースファンばかりの地域柄も幸いし、私は一気に地域に受け入れていただきました。地域の場合、それなりの歓迎はしてくれるとは思いますが、職員室や教室のようにあなたの居場所をあらかじめつくって待っていてくれることはありません。つまり、ダメ元で最初から攻めればいいということです。また、日常的に長時間会うこともありません。**少しくらい無理をしても、明るく元気な姿勢をその一瞬だけ演じることは可能です。**担任の場合、地域の会合に呼ばれることはあまりないと思いますので、最初の勝負は通勤途中になります。通勤途中に会う人全てにあいさつしまくるのです。最初のうちは怪訝な顔をされるかもしれませんが、めげずにやり続けてください。そのうち、あなたが新しく赴任した先生だと知ることになります。

「今度、来た先生はいい人だ！」

その瞬間、あなたの評価はぐっと上がります。そのほかに、地域の行事にはできるだけ参加することもおすすめします。もちろん、明るく元気な先生として…。

第5章

異動でレベルアップするために

慣れてきた頃に…やってはいけないNGポイント

異動して凄い記録を作った人の言葉

「新しい球団に入ってきて、しゃべってはならないことがひとつありますね。前の球団の自慢話をしないことです」（『プロ野球　トレード光と陰』近藤唯之　新潮文庫）。

12球団全てのチームから勝利を記録した野村収氏の言葉です。セパ交流戦前の記録ですので、違うリーグの球団から勝利をあげるには、そのリーグに移籍しなければいけません。また自分の在籍しているチームから勝利するためには、同じリーグの違うチームに移籍する必要があります。野村氏自身、「大洋↓ロッテ↓日本ハム↓大洋↓阪神」と多くの球団を渡り歩いた結果、達成することができた大記録です。異動を繰り返してきた野村氏の言葉だけに重みがあります。

「前の球団の自慢話をしない」

この言葉がＮＧ中のＮＧであることはわかりますよね。新参者からこのように言われて、いい気分の人はいません。「そんなに前の職場がいいのなら、戻ったらいいやん！」と言いたくなってしまいます（戻れるわけないんですけどね）。

でも、実際いるんですよ。思い出補正がかかるのか、やたら前の学校のことを話す人が…。

これだけはしてはダメ。絶対ダメ！

特に気をつけてほしいことは、「前任校では…」と言う枕詞です。

「○○小学校では、そのようなやり方はしていませんでした」

言っている本人は赴任してきた学校をよりよくしたいという思いから、前任校で有効だった取り組みを提案しているつもりなのでしょうが、言われている方としては、前任校の自慢に聞こえてしまいます。いい印象は受けません。このようなことを続けていると、レベルアップする以前に、新しい場所でのあなたの居場所がなくなってしまうかもしれません。それは何としても避けなくてはいけないことです。

背景を知ることで、新しい学校の一員になろう

NGワードを口にしないもう一つの理由

「前任校では…」というNGワードを口にしてはいけない理由は、他の先生に悪い印象を与えてしまうからということだけではありません。「前任校のやり方の方がスムーズにいくのに…」と口にしてしまうと、そこで思考がストップしてしまい、その裏にある背景を考えなくなってしまうということも理由の一つです。同じ市内や町内であっても、学校ごとにそれぞれ地域性が違います。NGワードを口にしないと決めてしまえば、新しい学校でのやり方に疑問を持った際も、「いや、ちょっと待てよ。一見不可解なようでも、もしかしたら何か理由があるのかもしれない。先輩に聞いてみよう」というように思考は流れていくはずです。**その指導に至った流れなどをまった**

く考慮せず、前の学校でのやり方をそのまま行ったとしても、うまくいくとは限りません。場合によっては、手痛いしっぺ返しを食らうことにもなります。

違和感を持ったら、とにかく聞こう

とにかく1年目は、何かにつけて違和感を持つことが多いかもしれません。でも、その違和感をそのままにせずに、疑問に思ったことはすぐに誰かに聞いてください。
「さっきの子、かかとを踏んでいて、ちゃんと上靴を履いていなかったのですが、きちんと指導しなくていいのですか？」

前任校が学校のきまりは厳格に指導をするという方針だった場合、このやり方は子どもたちに甘いと感じるかもしれません。かと言って、他の先生は甘いと愚痴を言ったり、自分だけ厳しく指導したりするというのは違います。だから聞くのです。
「4年生のときは学校に来づらかった子なので、いまは学校のきまりを徹底させることよりも、登校しようと頑張っている意欲をほめることを優先しているんですよ」

物事にはそれぞれ理由があります。理由を聞くことで背景を知り、新しい学校の一員に少しずつなっていくのです。

1年目に気をつけること、2年目にがんばること

1年目は否定しないでやってみる

私が、異動1年目に気をつけていることは、「その学校のやり方を否定しない」ということです。「前任校では…」という言葉を使わないのはそのためです。前述した例のように、最初は違和感を持ったとしても、背景やそれまでの流れを聞けば納得することも多いからです。疑問に思ったことをどんどん質問をすることで、質問をされた先生方との距離も縮まります。いいことづくめです。でも中には、背景を聞いたとしても「こうした方がいいのになぁ」という思いが消えないこともあります。ただ、そんなときでも1年目はとりあえずその学校のやり方でやってみます。やってみないとわからないことがあるからです。

次の年異動してきた先生に、「えっ、○○さんってこの学校2年目なんですか。もう何年もいる感じですよね」と言われるくらい、**1年目はどっぷりと新しい学校のやり方に浸るのです。**まずその学校のやり方でやってみましょう。

1年目に下地を作れば、2年目は遠慮無用

1年間、その学校のやり方でやってみて、それでもまだ「やっぱり、こっちのやり方がいいなぁ」と思うことも当然あります。この1年間で、その学校のこれまでの流れや背景などは把握したはずです。それらのことがわかった上でその思いが消えなかったのなら、全体の場でしっかりと提案をするべきです。子どもたちの成長のため、学校がよりよくなるために、具体的に代案を提案してください。

2年目は「出すぎる杭」になっても大丈夫です。1年目にそのための下地は作っているはずです。あなたはすでに学校の一員になっています。「○○小学校では…」という枕詞を使ったとしても、他の職員が嫌みに感じることもないでしょう。ただし、正当な理由での反対意見は出るかもしれません。しっかり受け止めて、自分の考えを再検討することで、あなたのレベルはまたワンランクアップするはずです。

授業が前任校のやり方のままでいいか子どもをよく見る

子どもが変わることで見えてくる自分の力量

初めての市内異動。5年生の担任になりました。

特別な日ではない日常の算数の時間、その日の課題を板書してこう言いました。

「教科書を見ないで考えましょう」

誰かに教えられたのか、何となくそういうものだと感じていたのか、いまとなっては覚えていませんが、「最初から教科書を見ると自分の頭で考えなくなる。だから、教科書を見せてはいけない」という理由からです。前任校でもよく使っていました。

何人かの手がすぐに挙がりました。前任校よりも反応が速いことに気をよくした私は、即指名。子どもたちの発表もなかなかのものでした。「この子たち、凄いな」最初の頃はそんな感想を持ちました。しかし、そのうち気づいたのです。「一部の子がまったく発言していない」ことに…。新しく異動した学校は、私学受験の割合が前任校よりも圧倒的に多く、塾に行っている割合もかなり多かったのです。塾に行っている子にとって、教科書の内容は既に学習済みです。つまり、塾に行っている子と行っていない子とでは、授業の最初の段階からスタート位置にかなりのハンデがあったということです。にもかかわらず、「教科書を見る」ことを制限してしまえば、そのハンデはさらに大きくなります。前任校ではそれほど塾に行っている子が多くなかったこともあり、その辺りが見えにくかったのでしょう。でも、前任校でも見えなかっただけでしんどかった子は絶対にいたはずです。以来、私の指示はこう変わりました。

「教科書を見て考えましょう」

必然的に授業の組み立てが変わりました。「教科書を教える」授業ではなく「教科書で教える」「教科書を活用する」授業になっていったのです。授業については、とりあえず前任校のやり方でやってみてください。当然、うまくいかないことも出てきます。自己変革を迫られることもあります。そこで、**もがき苦しむことで、教師としての力量の幅をつくることができます。**これでまたワンランクアップです。

赴任先の学校の研究に全力で取り組む

校内研究のテーマはいろいろあった方がいい

現在、全国の多くの学校で校内研究が行われています。おそらく、あなたの前任校も、そして新しく赴任した学校でも何かしらの校内研究を行っているのではないでしょうか。そして、それぞれの学校の地域性や特色が違うように、それぞれの学校で行っている校内研究の内容もまったく違います。テーマは違うものの研究教科や研究分野が同じというような小さな違いであることは稀です。前任校では、学び合いの研究をしていたのに、赴任先の学校はプログラミング教育の研究を行っているというように、何もかもがまったく違うということも少なくありません。前任校での学びは使えません。でも、教師のレベルアップという点から見れば、むしろ、こちらの方がラッキーといえます。否応なく新しい分野のことを学ぶことができるからです。

外発的動機づけでいいんじゃない？

教育のプロであれば、校内研究という外発的な動機からではなく、一人ひとりが自己の力量を上げるべく研究すべきという人がいます。校内研究を廃止して、空いた時間を子どもたちのために使うべきといううっかり賛同してしまいそうな耳ざわりのいい主張も聞いたことがあります。たぶん、こんなことを言う人は、夏休みの宿題も８月に入る前に終了し、普段から予習復習を欠かさず定期テスト直前になってあわてる友だちを鼻で笑っていたようなカシコイ人なんでしょう(後、できる子にしか目がいってないのではと邪推もしてしまいます)。自慢じゃありませんが、私はそんな人ではありません。自分の好きな分野ならまだしも、興味がない分野まで外発的動機づけなしで取り組むことはできません。だから、異動先の学校の校内研究に全力で取り組むのです。そして、全力で取り組むと興味がなかった分野の楽しさを知ることもできます。そうなれば、外発的な動機が内発的な動機に変わっていきます。**学校の研究に前向きに取り組むことで。教師の力量をレベルアップするのです。**

学校の研究を知るために研究授業に立候補しよう

面倒くさいけれども、とりあえず手を挙げよう

学校の研究に前向きに取り組むためにあなたがするべき次の一手は、「研究授業を引き受ける」ということです。たまたま異動してきた年が、2〜3年かけた指定研究のまとめの年でもない限り、あなたの申し出は受け入れられるはずです。ときには、「来たばっかりの人にしてもらうのは悪いわ」と言われることがあります。それでも「いや、この学校の研究のことを知りたいのでやらせてください」ともう一押しすれば、それ以上言葉は返ってこないはずです。何やかんやで周りの先生からありがたがられます。…と言うのも、研究授業を行うということは、多くの先生方にとって面倒くさいことだからです。いや、そういう私も多くの先生方の一人です。面倒くさいと思うことも

ありますʼ。あなたもそうかもしれません。でも、やりましょう。**筋肉と同じで追い込む作業がレベルアップにつながるからです。**

指導案を書くことで、研究同人の一員になる

実際、異動してすぐに研究授業を引き受けると、まず戸惑うのが、指導案の書き方です。本時の展開の枠組み自体が微妙に違ったりします。また、座席表に子どもの様子をこと細かく書かなければいけない学校もあれば、単元計画がまるで本時の展開のように詳しく書かれている学校もあります。慣れ親しんだ前任校の書き方の方が書きやすいのですが、新しい学校の指導案を苦労しながら書くことでその学校が大切にしているこことがわかります。指導案を書く過程において、昨年度の研究紀要を何度も目にすることにもなります。昨年度の研究の流れを何となくつかむこともできるのです。

野口芳宏先生の言葉に次のようなものがあります。「経験というものは意図的に積まなくてはいけない。また、その経験に整理を加えなければならないものだ」（『利他の教育実践哲学』小学館）。研究授業という意図的な経験をした後は、実践を記録に残して振り返ってください。これであなたのレベルアップは確実になります。

いろいろな校務分掌を経験することで幅を広げる

異動一年目の校務分掌で気をつけるポイント

「今年はどんな校務分掌でしたか？」

昨年度末、異動先の校長先生から、学年希望とともに聞かれませんでしたか？ たいていの場合、異動1年目ということを考慮して、前任校と同じ校務分掌か前任校よりも仕事量の少ない校務分掌になるように配慮してくれたはずです（もしそうでなかったとしたら、あなたは相当期待されています。誇りに思ってください）。

もし同じ校務分掌の場合、新たな風を吹かせるチャンスです。仕事の要領はわかっているはずですから、余裕もあるはずです。プラスアルファのことができると思います。気をつけることは「前任校では」という枕詞を使わないこと。その上で何か一つ新しい提案をしてくださいい。管理職も新しい風を吹かせてくれることを期待していま す。違う校務分掌になった場合、これもチャンスです。たぶん仕事量の少ない校務分 掌になってますから、前任校のときと比べて、校務分掌にかける時間も短くてすみま す。この時間の余裕をほかに使ってください。一番に力を入れるべきところは学級で す。そして、次に校内研究。できれば、前述した研究授業にチャレンジしてみてくだ さい。「今年は校務分掌でも配慮してもらっているので、これくらいはやらせてくだ さい」という感じです。好感度も教師の力量も上げることができます。

ただし、どちらにしても、のんびり校務分掌に取りかかれるのは1年限りだと覚悟 してください。2年目からは、あなたの1年間の仕事ぶりを見て、学校運営にとって より重要な校務分掌を任されるはずです。仕事量は多くなりますが、それだけやりが いも大きくなります。たいていの場合、年度末に希望調書をとってくれると思います。 このときに、思い切って前任校とはまったく違う分野の校務分掌を希望することもお すすめです。同じ学校に長くいるとどうしても同じ系統の校務分掌が続きます。異動 はその流れを変えるいいチャンスです。**いろいろな分野の校務分掌を担当して、教師 としての幅を広げてください。**

キャラチェンジ第2形態、「楽し気な先生」にプラスワン

職場の凄い先生のイメージをプラスワン

今から30年ほど前の話です。

初めての異動先に「国語の授業といえばこの人だ」と市内で名前が通っている中堅の女性教諭がいました。ある日の職員会議終了後、彼女は自分のクラスにいじめ事案があり、既に解決していることを報告した上で、次のような発言をしました。

「私の見えないところで、また何かあるかもしれません。お力をお貸しください」

凄いと思いました。自分が周りの先生にどう思われるかよりも、今後の子どものためにやるべきことを優先した姿がとてつもなくかっこよく感じました。

「誤魔化さない先生になろう！」

そう思いました。世の中には凄い先生がたくさんいます。あなたの異動した学校にもこのような先生がいるかもしれません。幸運にもメンターになるような先生と出会うことができたのなら、「楽し気な先生」というベースにその先生のイメージをプラスワンしてください。キャラチェンジ第2形態です。

凄い先生がいない？　そんなことありません

中には「残念だけど、異動先の学校にそんな凄い先生はいないみたいです」と言う人もいるかもしれません。でも、たぶん、それは現時点で異動先の学校の先生の凄いところが見えていないだけだと思います。だから、もし「いない」と感じているのなら、**最初の1年間は「凄い先生を見つける」というミッションを自分に課してください。**

このとき、凄い先生を1人見つけるというよりも、「音読指導なら○○先生」「清掃指導なら□□先生」「保護者対応なら△△先生」というように、細かく分野を分けてその分野における職場の凄い先生を何人も見つけられるように探すことをおすすめします。何か疑問に思うことがあれば、すぐに相談できることが職場の凄い先生のいいところです。このことに関してはどんなに力がある有名講師でも太刀打ちできません。

新たな出会いに感謝、それが自分の人間力を高めます

ゴルフ？　落語？　誰の挑戦でも受ける

初めて異動したときの話です。まだ先生方の名前も完全に把握できていない時期に、校務の先生から声をかけられました。

「俵原先生は、ゴルフをされますか？　もしよかったら、来月の休みの日に一緒に行きませんか？　他にもうちの先生が何人か行きますので」

30数年前の話です。いまでこそリーズナブルで気軽に楽しめるコースも増えていますが、当時はうん百万円もする会員権を持っている人が同行しなければゴルフ場に入ることもできない、一般庶民にとってゴルフは敷居の高いスポーツでした。こんな機会でもなければ、一生ゴルフをすることもないだろうと、この申し出を快諾しました。

「ゴルフをしたことはありませんが、行ってみたいです。よろしくお願いします」

それから、あっという間に年月が過ぎ、校長になって初めての学校。お互いのキャラクターも何となくわかり始めたころ、１人の中堅の先生から声をかけられました。

「校長先生、落語に興味ありますか？　もしよかったら、今度、行きませんか？」

もちろん、こんな楽しそうな申し出を断るはずありません。

「行こ、行こ。他の先生たちにも声をかけて、ツアー組んでくれる？」

私の人生の師匠でもあるアントニオ猪木さんの言葉に「いつ、何時、誰の挑戦でも受ける」というものがあります。私もそれにならって、「いつ、何時、誰のお誘いでも受ける」を信条としています。先約がない限り、どんな誘いであってもとりあえず１回は受けてみます。おかげで、自分１人なら絶対にしないような体験もたくさんすることができました。子どもたちに話すネタにもなります。

異動することで人間関係が新しくなります。新たな出会いがあります。この出会いを大切にしてほしいと思っています。そして、思いっきり楽しんでください。楽しみは人としての幅をつくります。**一見、教師の力量とはまったく関係がないように思えることも楽しく取り組むことで、回りまわって自分の人間力を高める糧になるのです。**

第6章

「無敵」になれば、いかなるときでもノーストレス！

「無敵」になれば、全ての場所があなたの居場所

敵をつくるな！「無敵」のススメ

ここまで、異動先における居場所づくりについて、いろいろと述べてきましたが、**私は「無敵」になることこそが、自分の居場所をつくるための究極の奥義だと考えています。**ここでいう「無敵」とは、歯向かってくる敵をバッタバッタと投げ倒し、『我こそが最強である。倒せるものなら倒してみよ』と言うような意味での「無敵」ではありません。力づくで敵を倒していった結果、歯向かってくる敵がなくなったということではなく、そもそも歯向かってくる敵がないという意味での「無敵」です。最初から「敵がない」という意味です。

めざせ、ウサギ島のウサギ！

広島県竹原市の沖合にある大久野島は、別名「うさぎ島」といわれています。その島のウサギの数は島の住人よりもはるかに多く900羽ほど生息しているようです。全て野生のウサギです。野生にもかかわらず、警戒心などまったくなく、観光客に対しても餌をもらいに近づいてきます。ナデナデし放題。何というサービスのよさ。ウサギ好きにはパラダイスといわれている場所です。で、大久野島のウサギがなぜ、こんな感じなのかといえば、ひとえに天敵がいないということです。オオカミやライオンどころかこの島には犬や猫もいないので、この島の全ての場所がウサギたちにとって、のんびり楽しく暮らすことができる居場所になっているのです。

天敵がいない…「無敵」な状態です。

つまり、「無敵」になれば、大久野島のウサギのように全ての場所があなたの居場所になるということです。でも、もしかしたら、異動先の職場には、犬や猫レベルの危険度を持った人が既にいるかもしれません。ただ、たとえそのような人がいたとしても恐れることはありません。相手に自分のことを敵だと認識されなければいいのです。

まずは「無敵」になろうと決める

敵をつくらないためにしてはいけないこと

敵をつくらないためには、周りの人から嫌わないように、あっちにもこっちにもいい顔をしなければいけなかったり、自分の言いたいことも遠慮して何も言えなくなってしまったりするのではないかと思う人がいるかもしれませんが、そんなことはありません。むしろ、そのような事をしていれば、かえって敵をつくってしまいます。時々いませんか？　Aさんと遊んでいるときは、気に入られようとAさんのライバルのBさんの悪口を言っているのに、Bさんと遊んでいるときには今度はAさんの悪口を言っているような子。結局、このような子はAさんからもBさんからも嫌われてしまいます。**つまり、「無敵」になるために、絶対にしてはいけないことが八方美人にな**

るということなのです。

するべきことは、いたってシンプル

嫌われるのを恐れすぎて、あっちにもこっちにもいい顔をしてしまい、その結果嫌われてしまう…八方美人と陰で言われている人の典型的なパターンです。たしかに「無敵」になるためには、周りの人に嫌われてはいけません。嫌われると敵になってしまう確率は高くなります。ただ、自分を殺してまで好かれる必要もないのです。好かれていなくても敵にはならないからです。

「無敵」になるために、一番大切なことは「無敵になる」と決めることです。「無敵になる」と決めて、そのことを意識することです。そうすることで、自ら敵をつくるような言動に対する感度がよくなります。たとえば、人の悪口を言っていないか、イラッとした感情をそのまま相手にぶつけてしまっていないかと、常に自分の言動を振り返るようになります。異動したばかりでお互いのことをよく知らないという環境では、敵も味方もありません。嫌がることさえしなければ、敵になることもないのです。顔色をうかがいながら誰に対してもいい顔をする必要はありません。

無理やり味方をつくろうとしない

本当の味方がいないと言われても…

「敵のいない人は、本当の味方もいない」という言葉を聞いたことがあります。賛成と言えば賛成、反対と言えば反対です。というのも、敵の有無にかかわらず、味方がいる人はいるでしょうし、いない人はいないからです。ただ一つ言えることは、「無敵」になるために敵をつくらないように意識することは大切ですが、味方をつくろうと意識する必要はないということです。**むしろ味方をつくろうとする意識が強く出すぎると「無敵」になることを遠ざけることにつながることがあります。**

なぜ、味方をつくろうとしてはいけないのでしょうか。それは、味方をつくろうという意識が強く働くと、困った状況に陥ってしまうことが多くなるからです。

心配ご無用。敵をつくらなければ、そのうち味方は現れます

味方をつくろうとすれば、どうしても相手に気に入られるような言動をしがちになります。その言動が自分の本当にやりたいことと一致している場合はいいのですが、そうでない場合が往々にして出てきます。たとえば、職員会議で、ちょっと違うなと思ったとしても、味方である先生の提案であったら、賛同の意を示さなくてはいけなくなるようなことです。あなたが違和感を持ったような提案ですから、多くの人も違和感を持ったはずです。自分の意思に反したことを行った結果、つくらなくていい敵をつくることになるかもしれません。このようなことが起こってしまうのです。また、この例とは逆に、あなたが間違った言動をしていた場合でも、味方の先生はあなたを後押ししてくれるかもしれません。これは、自分のレベルアップのためにもよくありません。公平な目で「いいときはいい。悪いときは悪い」と言ってもらうためにも、無理やり味方をつくる必要はないのです。無理をしてまで取り入ろうとしなくても、あなたが正しいと思うことを行っていれば、自然に人が寄ってきます。その中から、あなたの味方が現れます。敵がいない上に、本当の味方ができるのです。

ニュートラルな存在を心がける

中立な立場に立てる人になるために

「敵をつくらないように意識するが、無理に味方をつくろうともしない」…つまり、ニュートラルな存在を心がけるということです。

とくに、異動したてのこの時期には、この意識を強く持ってください。「前任校では…」という枕詞を使わないということも、この一つです。ニュートラルの意味は「中立、中間」です。つまり、ニュートラルな存在というのは、「中立な立場に立てる人」という意味になります。そのためには、誰に対しても、公平でなければいけません。あなたが誰かの悪口を言わなくても、あなたに誰かの悪口を言って近づいてくる人がいることもあります。「わかりました。気をつけます」と、安易に賛同してはいけません。賛同した瞬間、中立な立場ではなくなります。できれば、上の空のような表情で聞き流してください。「そういう見方もあるんだぁ」と軽く流し、ニュートラルな視点でいられるように心がけてください。人の悪口にかかわらないようにすることが、ニュートラルな存在になるための必須事項です。

対等なコミュニケーションを意識する

とりあえず最初の1カ月は、「学校では悪口を言わない、聞かない」ことを強く意識してください。1カ月ほど続ければ、周りの人もあなたに対してこの手の話題をしてこなくなります。ニュートラルな存在と認められた証でもあります。

意外と難しいのが、ニュートラルな視点で、誰とでも対等なコミュニケーションをとることです。とくに、自分より経験値が低い後輩相手の場合、無自覚なうちに上から目線で話していることがあります。教職員としての経験年数では先輩だとしても、この学校ではあなたは後輩です。敬語を使う必要まではありませんが、丁寧な言葉づかいで接するようにしてください。もちろん、対等なコミュニケーションといっても、校長先生にため口で話してもいいという意味ではありません。

意味のない戦いをしない

よくある春休みの1シーンより

4月の第1週。いっしょに学年を組む先生方との初めての打ち合わせ。漢字ドリルや計算ドリルなどの副教材を決めているところです。

「漢字ドリルは、去年、この出版社のを使っていたんですけど」

「でも、こっちも使いやすそうね。表紙も子どもたちが好きなキャラクターだし」

「○○先生は、どれがいいと思う？」

異動してきたところで、若干遠慮していたあなたに、学年主任が気を使って聞いてくれました。とくにこだわりのないあなたはこう答えます。

「どれでもいいです」

この回答で正解です。とくにこだわりがないのですから、お任せしましょう。では、あなたにこだわりの教材があった場合はどうでしょうか？　私ならこう答えます。
「自分は、このドリルを使っていましたが、この学校の子どもたちのことはよくわからないので、お任せします」

提案はします。でも、執着はしません。ほかの先生方にもそれほどこだわりがなければ、あなたの意見は通ります。ただ、とても教材にこだわっている先生がいた場合、「私はこの教材がいいです」と言い切ってしまうと、無用な戦いに発展することがあります。各社ともそれぞれ使いやすい工夫がされており、使う子どもの立場に立ってみれば、そんなに違いはありません。意味のない戦いをする必要はないのです。このことは教材選定の場面だけではありません。**引くときは引く、戦わないことが一番です。**ちなみに、どうしても、この副教材を使いたいという強い思いがある場合は、話し合いが始まるやいなや先制攻撃を行います。「すみません。この一つだけはお願いしたいんです。これ以外についてはどれになってもかまいませんので」。話が少しでも進んでしまうと覆すのは大変ですし、覆された方もいい気分はしませんが、最初の最初にこう言われたら、けっこう素直に受け入れてもらえるものです。

意地を張らない、ときにはあえて負ける

よくある職員会議の1シーンより

4月の職員会議。あなたは本年度の清掃計画を前担当が作ってくれた文書で提案しています。

「…以上で提案を終わります。昨年度同様、清掃時間中はしゃべらないことを徹底してください」

ここで手が挙がります。

「去年の学校評価でも話題になりましたが、一言もしゃべらないというのはどうでしょうか。6年生が1年生の教室のそうじの手伝いのときなど、そうじの仕方を教えながら、交流を深めるためにも少しくらいのおしゃべりはいいと思うのですが」

確かに昨年度の学校評価の話題には出ていたようですが、まさかここで再提案されると思っていなかったあなたは思わずこの意見に反応してしまいます。

「いや、でも、その学校評価で今年度もしゃべらないで清掃をしようというようになったと聞いていたのですけど」

提案文書を準備してくれた前担当の顔も立てないといけませんので、これくらいの反論はOKです。では、この後はどうすればいいでしょうか？　私ならこう言います。

「それでは、『清掃中にしゃべらない』という件について今年度はどうしていくか、みなさんのご意見をお聞かせください」

異動したての者がこれ以上何か言っても説得力はありませんし、敵をつくるだけです。全体の場に返します。その結果、自分の提案がくつがえったとしてもかまいません。

新日本プロレスの内藤哲也の言葉に次のようなものがあります。

「勝った負けた、そんな小さいことで俺らこのプロレスしてないですよ」

この件に限らず、中途半端なプライドからか、少しでも反対されたら、むきになってやり返そうとする人をたまに見かけます。意地を張る必要はありません。ときには負けてもいいのです。負けたからといって、あなたの格が下がることはありません。

ただし、自分の軸は決してぶれない

意味のある戦いなら、勝たなければいけない

　ここまで読んだところで「無敵になるためには『戦わない』『あえて負ける』ことが大切であるということだが、自分を殺してまで周りに気を使う必要があるのか」と思われた方がいるかもしれません。おっしゃるとおりです。私もそう思います。周りに気を使う必要は多少あるとは思いますが、自分を殺してまで周りに気を使う必要はありません。私が言っているのは、あくまでも「意味のない戦いをしない」であり「ときにはあえて負ける」ということです。むしろ、意味のある戦いならしなければいけません。勝たなければいけないときには、絶対に勝たなければいけません。誰しもプロの教師としてここだけは譲れないものがきっとあるはずです。自分の軸は決してぶ

れてはいけません。例え、そのことが理由で、全職員を敵に回したとしても…。

あなたが譲れないものは何ですか？

私の場合は「クラスの子全員が笑顔でいられるか」になります。「無敵になる」のも教師の居場所ができることで教師自身が笑顔になり、「笑顔の教師が笑顔の子どもを育てる」ことにつながっていくからです。「無敵になる」はあくまでも手段であって、目的ではありません。だから、目的である「クラスの子全員が笑顔でいられるか」を妨げるようなことに対しては、戦います。そして、勝ちに行きます。

ただし、教育の世界では、相反する方法が二つあった場合、一方が100点のやり方でもう一方が0点のやり方であるということはほとんどありません。どんなやり方にも長所や短所があります。一方が80点でももう一方が75点というような例がほとんどです。教師の働きかけや個別の配慮で何とかなる程度の差です。そう考えると、目くじら立ててこだわる必要がないものがほとんどです。本当に戦うべきときにだけ、戦ってください。安売りする必要はありません。

つまり、言いたいことは、**自分の軸さえぶれなければ「無敵」だということです。**

あとがき　スムーズに着任できたその後は…

異動によって、環境は大きく変わります。

そして、**環境が変わると、人は変わります。**

その変化をいい方向に変えていこう…つまり、異動を機に教師力をアップしようということが、本書のテーマの一つでした。

ただし、レベルアップは異動時だけに行えばいいというものではありません。

教師である限り、学び続けていかなければいけないのです。

そのためには、やはり環境を変えることが一番です。

もちろん、毎年異動することはできません。だから、異動というきっかけがない年は、自ら環境を変える動きをしなければいけないということになります。そうすることで、常に外部刺激が入るようにするのです。そのためには、池島信平氏（編集者・文藝春秋第3代社長）の次の言葉が参考になります。

本を読め、人に会え、そして旅をしろ

補足します。

本を読め…教育書はもちろん小説、ビジネス書、マンガなど多くのジャンルの本を乱読してください。いろいろな環境を追体験することができるはずです。違う世界に連れて行ってくれるという点では映画鑑賞も同じ効果があります。

人に会え…職場以外の人と会うことで、自分を取り巻く環境を変えていきます。いろいろな地域の先生方が集まる教師向けのセミナーに行ったり、逆に教師は自分一人しかいないという趣味の集まりに参加したりするのです。

旅をしろ…自分1人では絶対に行かないような場所に行く…というちょっとしたミニ旅行もおすすめです。例えば、あえて1人で美術館に行ってみます。いままで見えなかったものが見えるかもしれません。自ら体を動かし移動することで、普段とは違う環境に接する…そのことが大切なのです。

以上、これらの3つのことを意識することで、教師力、人間力をアップすることが

できるはずです。教師修業は果てしがなく、**笑顔でともに頑張っていきましょう！**

最後になりましたが、「異動の技術」という教育書では多分初めての内容の本を出版することができたのは、学陽書房の山本聡子さん、新名祥江さん、イラストレーターのおしろゆうこさんのご尽力のおかげです。感謝申し上げます。ありがとうございました。

俵原　正仁

２０２１年１月

著者紹介

俵原 正仁（たわらはら　まさひと）

1963年、兵庫県生まれ。通称「たわせん」と呼ばれている。兵庫教育愛額を卒業後、兵庫県の公立小学校教諭として勤務、現在に至る。新任の頃、「教室を学習のワンダーランドにしよう！」と、ある教育雑誌の論文に書き、良識ある先輩から「ワンダーランドって…（笑）」とつっこまれる。この「教室ワンダーランド化計画」は、その後、若干姿を変え、「子どもの笑顔を育てよう」「笑顔の教師が笑顔の子どもを育てる」という『笑育』なるコンセプトに進化する。教育雑誌に執筆多数。著書に『なぜかクラスがうまくいく教師のちょっとした習慣』（学陽書房）、『博愛ホワイト学級づくり～正攻法で理想に向かう！クラス担任術～』（明治図書出版）、『授業の演出ミニ技アラカルト』（小学館）などがある。教材・授業開発研究所『笑育部会』代表。

スムーズに着任できる！ 教師のための「異動」の技術

2021年2月17日　初版発行

著　者――――　俵原正仁《たわらはらまさひと》

発行者――――　佐久間重嘉

発行所――――　学 陽 書 房

〒102-0072　東京都千代田区飯田橋1-9-3

営業部――――　TEL　03-3261-1111／FAX　03-5211-3300

編集部――――　TEL　03-3261-1112

http://www.gakuyo.co.jp/

ブックデザイン／スタジオダンク　　イラスト／おしろゆうこ

本文DTP制作／越海辰夫

印刷・製本／三省堂印刷

ISBN 978-4-313-65422-8 C0037